人文地理学译丛

周尚意◎主编

生活世界地理学

[美] 戴维，西蒙 著
David Seamon

周尚意 高慧慧 译

译丛总序

引介：学术交流之必须

人文地理学为何？由于中学地理教学的普及，中国人普遍知道地理学分为自然地理学和人文地理学。但是许多中国人并不了解，现代意义上的人文地理学的发展历史并不长，它是在 19 世纪近代地理学出现之后，方出现的一个学科领域或学科分支。人文地理学主要分析地球上人类活动的空间特征和空间过程及其规律性。例如，分析某个地方可以发展何种农业类型，哪里的村庄可以变为大城市。世界上不只是地理学家关注空间和区域问题。例如，著名的历史学家沃勒斯坦在其巨著《现代世界体系》中，也提到了不同时期区域发展的空间格局。再如，著名的社会学家吉登斯也强调空间和地理。

早期有一批学者将西方人文地理学引入中国。目前查到的中国最早出版的《人文地理》是傅运森先生编纂的，该书为“中学校用”教科书，由商务印书馆在 1914 年出版。中国国家图书馆收藏的最早的汉译人文地理学著作则是法国维达尔学派核心人物 Jean Brunhes 的《人文地理学》。Jean Brunhes 早期有多个汉译名，如白吕纳、布留诺、白菱汉等，今天中国学者多沿用“白吕纳”

这一译名。《人文地理学》中译本之一由世界书局在 1933 年出版，译者是北京师范大学地理学系的谌亚达先生。

20 世纪前半叶，世界人文地理学的研究中心还在欧洲大陆，德国和法国是重要的学术基地。自第二次世界大战后，人文地理学的研究中心逐渐扩展到英美。西方国家的人文地理学在多种质疑和自我反思中不断前行，因此发展出丰富的学术概念和彼此补充的学术流派。遗憾的是，自 20 世纪 50 年代初到 20 世纪 70 年代末，中国内地（大陆）的人文地理学发展基本处于停滞状态，只有“经济地理学一花独放”。原因是当时有些学者意识到，世界上没有客观的人文地理学知识和理论，而西方的人文地理学大多是为帝国主义殖民扩张服务的，因此不必学习之。国家当时的意识形态也没有为人文地理学的发展提供相应的空间。许多留学归来的中国人文地理学者不是转行，就是缄默。感谢改革开放，它给予人文地理学新的发展机遇。李旭旦先生在 1978 年率先倡导复兴人文地理学，人文地理学获得了为中国，为人类命运共同体服务的机会。多年后人们发现，李旭旦先生在中外学术交流相对闭塞的 20 世纪 70 年代，依然关注着国外人文地理学进展。人文主义地理学的开山之篇《人文主义地理学》在 1976 年发表后，李旭旦先生积极学习并将之翻译出来。2005 年，南京师范大学的汤茂林教授整理、补译了李旭旦先生的手译稿，并加以发表。人文主义地理学与经验—实证主义地理学、结构主义地理学等，同属于人文地理学流派。它的观点是：尽管人们为了不同的目的，各持立场，但是地理学研究者可以把握的是，人类作为一个群体具有相互理解和沟通的共同本性。

启动“人文地理学译丛”是北京师范大学出版社对中国地理学发展的重要贡献。国内尚未有相似的译丛，只有商务印书馆的“汉译世界学术名著丛书”“当代地理科学译丛”包含一些人文地理学的译作。这些译作极大推动了中国人文地理学的发展。2014年春天，北京师范大学出版社的胡廷兰编辑找到我，商议启动这套译丛。她为了节省我的时间，约好在我上课的教八楼门口见面。教八楼前有北师大校园中最精致的花园。那天她从东边步入花园，我远远看着她青春的身影映在逆光中，格外美丽。一年后她因病去世，而我竟不知道她生病的事情，也未能与她告别。后续，谭徐锋先生、宋旭景女士、尹卫霞女士、周益群女士先后接替该译丛的出版工作。译丛最早的名字是“人文主义地理学译丛”，仅仅囊括人文主义地理学代表人物的代表性著作。后来为了可持续出版，译丛更名为“人文地理学译丛”。本译丛选取的著作观点纷呈，读者可以细细品读，从中感受人文地理学思想和观点的碰撞。正是在这样的碰撞中，人文地理学得以不断发展。

周尚意

2019年深秋

感谢克拉克大学地理系的教员们和

1970—1977 年就读的所有学生

不言自明的东西是什么？就是那些自然而然的东西，那些无须再加以言说的地方，以及始终指引和支撑着我们的文化。不言自明的东西就是我们总是认可它，并将之作为个人和社会前行的所有行动的基础。因为从未被准确和清晰地讨论过，所以不言自明的东西很难被定义，甚至以各种伪装的方式围绕着我们。若要揭示这些不言自明的东西，我们必须从那些缠绕着我们的假设和态度中退出来。

——格兰杰（Grange，1977：136）

序

本书基于一项观察练习。我希望它能帮助读者对环境体验更为敏感，对所处的地方更为敏感。例如，一个人在去街角商店的途中，遇到邻居正在修理门前的步道，于是停下与之攀谈，之后发现要去的店已经打烊，心情变得十分沮丧。发生这种事情的时候，人们的情绪也会随之改变。类似的情境如，门前的道路被改为单行线；在一个新环境里迷了路；为了赶回家而在夜间长途驾驶；只习惯睡在自己的床上。本书将这样的情境作为基础素材。我的问题是，这样的经历是否指向更宽泛的意义模式，呈现出人们与地方、环境的关系？例如，这样的经验是否表达出人们对某个地方的责任感和关心？是否关乎空间行为的本质？是否关乎社群与地方的关系？是否有助于在人类和生态两个维度上改善地方及环境？

本书的中心话题就是人对自身和他人存在的满意度，包括人所选择的生活之地的区位。个人和社群的满意感不可避免地与地方相关。在过去的几十年里，许多社会科学似乎都假设，由于科技的进步，人们可以更容易地改变实体空间和自然环境。的确，今天西方主流生活方式是由一系列相互隔离的点连接而成的。这些点包括家、办公室、娱乐场所等，由交通设施和通信设备组成的机械网络连接在一起。与此同时，伟大的思想家也像街上的行人一样谈论着日益增长的无家感和异化——只是清晰度不同而已，认为人们对地方和环境的敬畏之心越来越少。

从现象学的视角来看，这种日益加重的不协调，可能部分源自人与地方之间分离的加深。人们对地表空间的所谓“征服”，可能在技术上和经济上是成功的，但这并不意味着人的胜利。至少，从经验上看，人们似乎与区位绑定得更紧了。如果这种绑定以不同方式被断开，人们的生活质量就会下降。

理解人与地方的关系有三重意义。第一，促使读者在日常生活中，与移动的环境和地方打交道时更在意其本质。第二，这种理解提供了一种工具，促使环境设计师和政策制定者在处理某个地方和环境的项目、计划时发现新的视角和途径。第三，这种理解提供了一个框架，利用它可以审视生活在不同地方的不同人群，继而提出问题：他们如何使地方在人和生态环境两方面更令自己满意。

本书中的想法只是我许多想法的一小部分，而我的想法又得益于许多人的思想，包括段义孚（Yi-Fu Tuan）、布蒂默（Anne Buttimer）、海德格尔（Martin Heidegger）、梅洛－庞蒂（Maurice Merleau-Ponty）、J. G. 本内特（J. G. Bennett），以及杜肯大学（Duquesne University）心理系研究者们完成的优秀的现象学研究。我尤其要感谢雷尔夫（Edward Relph），他的《地方与无地方性》（*Place and Placelessness*，1976b）一书让我对现象学研究有了领悟。有兴趣的读者可以参阅雷尔夫的这本著作，以之作为本书的补充。

我还要感谢环境体验小组参与者的奉献、兴趣和真知灼见，这些都是本书成功的关键。这些参与者是：安德拉·尼伯格斯（Andra Nieburgs）、梅利莎·施瓦兹（Melissa Schwartz）、帕特里夏·丹多诺里（Patricia Dandonoli）、佩吉·蔡斯（Peggy Chase）、朱吉·列文（Juggy Levin）、南希·古迪（Nancy Goody）、艾伦·朗（Allan Long）、彼得·格里克（Peter Glick）、比尔·帕克（Bill Parker）、伊芙琳·普拉格（Evelyn Prager）、汤姆·怀亚特（Tom Wyatt）、罗布·温斯坦（Rob Weinstein）、乔纳森·罗宾斯（Jonathan Robbins）、玛莉恩·莫斯托维（Marion Mostovy）、霍维里·立波夫（Howie Libov）、艾米莉·塞克勒（Emily Sekler）、菲莉丝·鲁宾（Phyllis Rubin）、彼得·巴拉赫（Peter Barach）、琳达·贾菲（Linda Jaffe）、琳达·德安吉洛·洛根（Linda D'Angelo Logan）、杰里·福尔（Jere Fore）、凯西·霍华德（Kathy Howard）。

过去和现在，以不同方式对本书有所付出的还有我的父母、凯瑟琳·布鲁姆菲尔德（Katherine Bloomfield）、南希（Nancy）、克里格·比尔（Cligg Buell）、斯坦利·布朗特（Stanley Blount）、索尔·科恩（Saul Cohen）、马丁·鲍登（Martyn Bowden）、沃特·沙兹伯格（Water Schatzberg）、加里·奥弗沃尔德（Gary Overvold）、乔·德·里维拉（Joe De Rivera）、康妮·费舍尔（Connie Fischer）、加里·摩尔（Gary Moore）、罗杰·哈特（Roger Hart）、玛丽·奥马利（Mary O'Malley）、杰弗里·艾伯特（Jeffrey Albert）、黛布拉·伯利（Debra Berley）、托尼·霍奇森（Tony Hodgeson）、爱德华·爱德斯坦（Edward Edelstein）、亨利·波托夫特（Henri Bortoft）、彼得·罗斯斯坦（Peter Rothstein）、文森特·克利波拉（Vincent Clipolla）、安迪·莱文（Andy Levine）、格雷厄姆·罗尔斯（Graham Rowles）、米克·戈德金（Mick Godkin）、柯特·罗斯（Curt Rose）、保罗·卡里亚（Paul Kariya）、柯

斯滕·约翰逊（Kirsten Johnson）、马克·艾兴（Marc Eichen）、约翰·亨特（John Hunter）和奈杰尔·斯里夫特（Nigel Thrift）。

最后，我尤为感谢以下四位。布蒂默——我研究生时的导师和朋友，她引领我做我感兴趣的并相信自己可以完成的事情。温迪·赫西·艾迪生（Wendy Hussey Addison）——她坚信环境体验小组能够顺利运行，并为我们提供了保障。瓦莱丽·德安德丽雅（Valerie de'Andrea）——她录入了绝大部分终稿，不但尽力支持我，还提出许多价值难以衡量的批评。约翰·马奎尔（John Maguire）——小说家、我的朋友。本书是基于我的学位论文写就的。约翰耐心地阅读了论文，为我指点写作技巧，使得本书的语言变得生动且具有可读性。我真诚地感谢所有人，包括那些我虽没有提及但同样给予我很多帮助的人。

戴维·西蒙

1978 年 9 月 28 日

于克拉克大学地理系工作室

中文版序

实体空间过时了吗?

引　言

我为中国学者在《生活世界地理学》一书中发现翻译和研究价值而感到受宠若惊。这是我写的第一本书，它探讨了物质和空间环境在日常生活中的重要性。我衷心感谢周尚意教授对本书的专业热情，以及她和她的博士生高慧慧的精心翻译，特以此序向陌生的读者解释我的专业领域以及本书的内容。

我一直在思考这样的问题：数字化的超现代世界常常是脱离实体空间和地方的，在这样的世界中，我们是否需要继续重视生活世界的实体空间和地方？实体环境、空间和地方在人类生活中仍然具有重要意义吗？它们是否在很大程度上被网络空间、社交媒体以及虚拟环境和虚拟现实取代了？

环境与建筑现象学

我是建筑系的地理学家和环境行为研究者。我的教学和研究主要涉及环境行为和经验的性质，尤其是它们与建筑环境有关的性质。我感兴趣的是，为什么地方对人们很重要，以及建筑和环境设计如何成为地方创造工具，尤其是在城市中。我经常把我感兴趣的领域称为“现象地理学”“现象生态学”或“环境与建筑现象学”（Casey，1909；Donohoe，1917；Janz，1917；Mugerauer，1994；Relph，1976；Seamon，2013，2014，2018a，2018b，2018c；Stefanovic，1900）。简要地说，现象学是对人类经验的描述和解释。现象学的主要工作是识别和描述人类体验，以及意义背后更广泛的、潜在的模式，如地方对人们的重要性。当地方融于日常生活时，它可以让人们体验的丰富性和“混乱性”保持有序和统一。

20 世纪 70 年代后期，我在美国马萨诸塞州伍斯特市的克拉克大学攻读地理学博士学位，对用现象学方法分析地方和环境体验产生了兴趣（Buttimer and Seamon，1980；Seamon，1987）。这本书就是我基于博士学位论文修订完成的，于 1979 年出版。此书重点研究了广义的现象，我称之为“日常环境体验”，即人们在日常场所、空间和环境中获得的亲身体验的总和。我所用的体验描述素材来自环境体验小组成员，他们绝大部分是学生，自愿参加每周的小组分享。环境体验小组成员以自己的日常经历研究相关主题，如移动的模式，与地方相关的情感，注意和观看的性质，家的意义和在家性（at-homeness），物体放置的位置、时间和地点的选择，等等。

通过用现象学解释环境体验小组提供的个人观察素材（大约 1500 条），我最终归纳出三个主题：移动、静止和相遇。似乎可以用这三个主题给日常环境经验中的生活核心分类。“移动”部分探讨了日常环境行为的习惯性质，并按照法国现象学家梅洛 - 庞蒂（Merleau-Ponty，1962）的观点，分析出这些行为的生活基础是前意识的身体以及智能的主体。“静止”部分探讨了人们对地方的依恋，并特别关注了在家性与场所、环境的积极情感关系。“相遇”部分研究了多维途径，以及人们由之与周围环境进行或不进行细心的接触，并探讨忽视、注意、观看、强联系等相遇类型的意识模式。本书结论部分探讨了移动、静止和相遇的活跃关系以及三者的互动，认为它们所形成的三重结构提供了一种既简单又方便集成的方法，可以从概念上展现人类的环境经验，并从实践角度考虑它们在设计和政策上的应用。

实体场所是否具有持续的重要性

自 1979 年本书出版以来，西方世界发生了思想上的巨变，后结构主义、解构主义、女权主义和批判理论等新的哲学探索成为学术思想的主导。后现代主义思想家质疑生活世界所确定的基本体验结构，特别是我所强调的日常生活中地方的重要性。在地理学家雷尔夫《地方与无地方性》一书的影响下，我在本书中明确指出：技术和大众文化破坏了地方独特性，促进了同质化。我更要强调的是，在现代交通和通信发展之前，身体习惯根植于地方，那时无论在哪里，地方都是人类生活的有机组成部分。社会和技术在迅速变化，且今天正变得越来越快，使人们从根植于地方的习惯中解放出来（Horan，1900；Zimmerman and Horan，1904）。

雷尔夫在《地方与无地方性》中并不是说，技术和大众文化必定会破坏地方的独特性，而是指出它们会在某种程度上破坏地方的独特性。雷尔夫所有的著作都强调，如果我们能够理解大众文化（包括媒体和传播）如何将地方体验变得更好或者更糟，那么也许我们可以找到方法，来维护或重建有活力的地方，其中包括地方芭蕾的各种情景（Relph，1981，1993，2018）。倘若我们继续忽视有活力的地方（无论是社区、市区，还是其他类型的地方）正在瓦解，那么地方将越来越被雷尔夫所称的“无地方性”蚕食。“由于人们对地方的重要性越来越不敏感，因

此有特色的地方被随意铲除，取而代之的是标准化的景观。”（Relph，1976：前言）

我的许多研究和著作均受到“存在事实”（existential fact）的启发。在过去，地方营造通常是自动地、不自觉地进行的，因为人类活动必须使用自己的身体来完成，如步行、骑马、使用当地的建筑材料和传统的建筑技术等。一个关键的问题是，既然如今我们拥有 20 多年前从未想象过的数字化等技术，这些新技术能让人类的许多需求和活动或多或少地随时随地实现，那么我们是否可以借助政策、设计和规划，来有意识地了解地方运作的方式，从而有意识地创造和重建地方？（Miller，1916；Seamon，1978a）

毫无疑问，电视、赛博空间和手机之类的媒介能够让人们有机会与遥远的、更大范围的人群建立联系。有时这种虚拟的通信空间的延展对实体地方有利。例如，在某个地方面临外部威胁时，本地和非本地的保卫者能够通过社交媒体找到彼此，共同保护这个地方。但是，正如社会学家乔舒亚·梅洛维茨（Joshua Meyrowitz）指出的那样，由于电子媒体改变了社会生活中的“情景地理”，因此实体的地方有被边缘化的可能性（Meyrowitz，1985：6）。在许多方面，数字通信消除或重塑了常规的、面对面的互动，以及其他非正式和正式的社会结构，而这些是传统上与空间绑定的地方不言而喻的一部分（Relph，1993：27-31）。梅洛维茨解释道：“电子媒介时代，‘回家’与以前的含义截然不同。电子媒体将私人和公共行为之间的分界线移动到了私人之间，并削弱了社会与实体地方之间的联系。”（1985：308）

人类生活与实体世界

简而言之，地方、人和数字技术之间的关系极为复杂。这里有一个关键的议题，那就是赛博空间和电子通信是如何维系和破坏实体地方和人类社区的。一方面，一些研究者，如建筑师威廉·米切尔（William Mitchell），似乎认为，数字媒体和虚拟环境迟早会彻底消除人类的实体呈现、空间限制和地理上的地方嵌入（Mitchell，1903；Mitchell，1994，1999）。另一方面，建筑师马尔科姆·麦卡洛（Malcolm McCullough，2004）和组织心理学家、思想家托马斯·霍兰（Thomas Horan）等人（Horan，2000；Zimmerman and Horan，1904）认为，地方营造和实体环境将继续在人类生活中发挥不可或缺的作用。我特别喜欢霍兰所说的"重组设计"（recombinant design）这个概念。换言之，就是探寻如何将数字技术"拼接到房屋、办公室、社区和城市的重组中，以实现最佳的空间和地方形式"（Horan，2000：12）。

在这里，我与后现代主义和批判性思想家有一些分歧。他们常常质疑实体世界在人类生活中持续的重要性。但正如本书所说的那样，我认为人类体验中的身体生活必须"在地方中"完成，这样才能让那些较少体现身体依赖的事物（如数字体验和虚拟现实）更令人满意、更高效。生活的重要性是有层次的，而安全的、有组织的实体世界是首要的。因此，我对通过政策和设计来实现稳健发展的途径更感兴趣（Seamon，1978a）。我喜欢霍兰对此问题的观点："人类互动的需求既不会被创造，也不会被破坏，只会被数字技术明显地改变。相反，数字场所是创造新体验和新关系的新支点，它将重新定义我们的实体空间体验。"（Horan，1900：23）

我们不应抛弃实体地方的营造，以及人们在实体地方中面对面的互动。更确切地说，我们要探索如何将数字技术、网络通信与环境设计结合起来，增强实体地方营造效果，包括本书所说的"地方芭蕾"的可能性，即个体行为与身体根植其中的空间的相互作用，后者是人与人交流的场所，也是行动和产生意义的重要场所。通过多学科融合的规划、公平的政策和创新的设计，人们是否可以自觉地重现过去不可回避的实体场所？我希望本书能为回答这个难题提供有益的启示。

现象学的一个中心问题是：如何从整体上理解地方和环境经验？换言之，随着时间的流逝，地方以及地方体验是变好了，还是变坏了？虽然我在本书中没有探讨这个问题，但是我在 2018 年出版的《生活占据的地方：现象学、生活世界和地方营造》（*Life Takes Place*：*Phenomenology，Lifeworlds and Place Making*）中提供了答案。新书的主题和结论与本书的主题和结论相辅相成，但将重点转移到地方、地方体验、地方意义和居住环境上。我认为，即使是在我们这个流动的、超现代的世界中，如果没有地方，人类的生活也是不可能的。以特定的地方和地方经验为例，我希望更深入地发掘地方。我把整体理解的方式称为“协同关联性”（synergistic relationality），并提倡使用这种分析方式；把地方定义为空间研究领域，涉及聚集、活动、维持、认同、相互联系的事物、人类行为、经历、意义和事件（Seamon，2018a：2；Malpas，2018）。由于地方总是随时间变化，所以我通过确定六个地方过程来分析地方的形成维度，这些过程包括地方互动、地方认同、地方释放、地方实现、地方强化和地方创建。我以建筑、规划和城市设计中的实际案例为依据指出，对这六个地方过程的理解有助于地方营造变得更严谨，进而形成健全的地方，并使人们的环境体验更具有活力。

《生活占据的地方：现象学、生活世界和地方营造》的基本思想源于本书，可以将这两本书称为“姊妹篇”，因为它们都试图找到并描述各种各样的方式。这些方式展现出地方和环境在人类生活中起着不可或缺的作用。最后感谢本书的中国出版方北京师范大学出版社为与地方和地方营造相关的著作的出版提供支持。祝地球上所有美好的地方蓬勃发展，愿我们一起寻找振兴地方的实践途径，创造出崭新的、充满活力的地方！

戴维・西蒙

2019 年 8 月 29 日

目 录 Contents

第四部分　与地理世界相遇

第五部分　寻找整体

第一部分
发现新事物

何为最难的事情？那就是看起来似乎最容易的事情，即用你的眼睛发现摆在面前的是什么。

——歌德（转引自 Roszak，1973：310）

第一章

日常生活中的地理

> 我喜欢沐浴阳光而坐。我们这里经常是艳阳高照，太阳如同一位常客，从不爽约，是我们期待时常见面的朋友。我喜欢为丈夫和自己沏茶。正午时分，我们会把茶端到室外，坐在长凳上，背倚着墙壁，都不想用靠枕。我跟儿女们说：你们正坐在柔软的沙滩椅上。虽然这里与所有大洋都相去甚远，但是我们可以展开想象，想象这些椅子就是新墨西哥州的沙滩椅！对于我们而言，虽然长凳很硬，坐着不太舒适，但却有香茗温暖着内心，阳光温暖着周身。我对丈夫开玩笑：我们是房屋的一部分，我们就像土砖一样被太阳晒着。大多数时候，我们只是静静地坐着。成为上帝造物的一部分，我们已心满意足。我们听着莺啼鸟啭，为鸟儿距离我们如此之近而心存感激。所有这些理由，都让我们静心而坐，并将自身融入这个地方。
>
> ——罗伯特·科尔斯[1]（Coles，1973：6）

以上是一位妇人描绘的日常生活，她生活的小村庄位于圣达菲 15
（Santa Fe）北部山地。为什么地理学家会对这段话感兴趣？因为地理

---

① 罗伯特·科尔斯（Robert Martin Coles），美国精神病学学家，哈佛大学教授。1973年其作品《孩子们的危机》（*Children of Crisis*）获得普利策非虚构类作品奖。这里的引文来自她获奖当年出版的另一部著作。——译者注

学的研究对象是人类赖以生存的地球。地理学家致力于了解人们的生活与环境之间的关系，而环境是由地方、空间和人们内心的地理世界综合而成的。和煦的阳光、结实的长凳、被晒热的黏土墙砖、歌唱的鸟儿，它们都是“地理世界”的一部分。这位妇人正是在这样的地理世界中找到了自己。不论我们身处何方，不论是在狭小的公寓、珍贵的绿洲、神秘且遥远的村庄中还是在寻常的小土坯房里，我们总是置身于地理世界之中。我们或许可以改变其中一些事物，但是我们无论如何都不能逃避环境中的某些方面。

本书探究了地理世界中人类无法逃避的环境，聚焦于人们日常生活的经验和行为——与人们生活、活动的地方、空间和环境密切相关，所遵循的基本研究方法是展示人类行为与日常地理世界的经验关系。例如，章前引文中的妇人对她所生活的地方表现出极其强烈的依恋。人们为何会对地方依恋感兴趣？人们在空间中的日常移动属性为何？人们以何种方式关注这些，并与地理世界发生互动？

16 本书的研究话题是“日常环境经验”。它是指一个人在其生存的特殊地理环境中亲身获得的所有经验。什么是日常环境经验的潜在结构？它是否包括超越于某个人、特定地点和时间的基本特征？我们清楚地知道，地理世界与生活的其他维度密切相关，这些维度包括社会经济领域、人际关系和精神世界，以及将人置于个体的和社会性的历史中的现时环境。作为地理学家，我能认识到这些联系，但却很少讨论地理经验和行为所建构的世界。何为人类存在之本性？我们之所以提出这个问题，是因为它在地理世界中的确存在。作为一种地理存在，人类最基本的存在形态是什么？

地理学家对环境行为和经验的兴趣一如既往。在过去的几十年中，地理学家已经与心理学家、社会学家、规划师等一起建立了名目繁多的交叉领域，如环境心理学、心理地理学、人类品性学、环境社会学、环境研究，以及我在本书中所称的“行为地理学”。[1] 行为地理学关注诸如空间行为、领地性、地方偏好和人类对于自然环境和实体环境的态度等主题，其发展体现出社会科学界和设计界对这些主题的强烈需求。行为地理学旨在理解潜伏于个体或群体环境行为内部的心理结构和过程，尝试阐明人类行为和实体环境之间作用与反作用的关系。这类研究有助于改善现存环境、完善未来构想，涉及的实体环境包括浴室、房屋、街道、公园和商场，甚至整个城市。[2] 同时，行为地理学会使人们对日常生活中的地方、空间和环境等概念更加敏感。

相对于大多数行为地理学研究著作，本书的不同之处在于运用了现象学。现象学是一种揭示和描述事物和人类经验的研究方法。所谓“现象”，就是事物被人表述出来的那样。阿莫迪欧·乔吉（Amedeo Giorgi）认为：“现象学研究人类所体验到的现象，强调研究的重点是现象本身。现象以其具体性和特殊性，向体验它的主体揭示自身。”（1971：9）现象学探究日常经验的事物和事件。[3] 厄内斯特·基恩（Ernest Keen）解释道：

> 现象学的目的不只是提供更多的想法，更主要的是明确一些思 17
> 考和假设，明确一些已然存在的、基于我们的行为和经验的预想。它的目的是向我们明确地揭示已知的事物，而当我们了解这些之后，就会减少对自身的困惑。（1975：18）

现象学近来预示着行为地理学研究有了一个重要的新视角，因为传统的行为地理学始于特定的理论视角（领地性和空间感知）和一系列定义与假设（如家园土地、被侵犯的领土、认知地图、作为认知想象之用的空间行为），而现象学试图通过分类和建立结构，细化研究的主题，进而理解和描述现象本身，摒弃偏见和先验理论中的定义、标注和解释。正如斯皮格尔伯格（Spiegelberg）所言："现象学要我们转向那些被既有理论模式遮蔽的现象本身。"（1971：658）

另外，现象学强调整体视角。"对任何现象的相对全面的分析，都必须包括与其周遭现象之联系。"费舍尔（Fischer）明确指出，将现象学研究置于更广泛的环境中是非常必要的（1971：158）。行为地理学的传统研究所关注的环境行为和经验是有限的，譬如人们在新城中行走的路径、居民对社区的定义、荒地使用者内心的荒野映象。[4] 相反，现象学尝试理解环境经验和行为之间的关联，揭示日常环境经验的各个部分。与此同时，现象学还秉持将部分置于整体之中的观点。现象学关注部分与部分的关联、部分与整体的关联，认为每一部分与其他各部分都有内在的实质关联。[5]

本书用"移动""静止"和"相遇"三个主题来揭示整体性。"移动"一章探究了身体、习惯和例行事务，以及它们在人们与日常环境打交道时扮演的角色。"静止"一章审视了人类对地方的依恋。"相遇"一章分
18 析了人们观察和关注生活世界的方式。这三大主题以某种可能的形式描绘了人们的行为和经验，及其与日常地理世界的相互关系，可以为环境教育和设计界提供有益的见地。

本探究所用的经验素材是一系列描述性报告，它们的性质就像本章开篇所引的描述。这些报告汇集了四个小组的调查内容。小组成员因为对自身与地理世界的关系十分感兴趣，所以在长达数月的时间里参加了小组调查。调查的内容包括他们的日常环境经验。参与者会被问及如下问题：他们日常的空间移动，他们所生活的地方对于他们的意义，他们接触日常生活环境的方式等。这些小组被称为"环境体验小组"，每个

小组有一位组长，我也是其中一组的组长。[6]

本书证实，许多广泛运用于当代行为研究的理论和概念，与它们所声称的现象并没有确切的关联。这并不意味着现象学试图否定行为地理学的研究，而是要求进一步检验行为地理学研究的理论基础。空间行为果真具有认知的功能吗？人们对地方的依附果真和领地性密切相关吗？人们真的喜欢他们自认为偏好的地方和环境吗？通过提出类似的问题，现象学帮助行为地理学者、环境心理学家和其他研究者厘清了研究的起点。以此为起点，我们的研究会上一个新台阶，建立起更加完善的事物关联，其中涉及行为理论、人类环境经验的真实网络联系、行为三者的关系。

【注释】

[1] 关于这个跨学科领域，可以参阅一些心理学家、人类学家和地理学家的著述（Craik, 1970；Rapoport, 1977；Saarinen, 1976；Porteous，1977）。亦见 Moore and Golledge（eds.），1976；Wapner，Cohen and Kaplan（eds.），1976；Leff，1977；Kaplan and Kaplan（eds.），1978。

[2] 案例可参见 Ittelson et al.，1974；Rapoport，1977；Porteous，1977。

[3] 对于现象学历史和方法的最好概述参见 Spiegelberg，1971，特别是该书第二卷（659-699）。优秀的著作还有 Giorgi，1970；Ihde，1973；Keen，1975。经验主义现象学的最佳案例可见 Giorgi et al.（eds.），1971，1975。关于现象学和社会科学之间关系的讨论参见 MacLeod，1969；Zeitlin，1973。

[4] 强调现象学对于行为地理学价值的论述包括：Relph，1970；Wisner，1970；Tuan，1971a；Buttimer，1974，1976。现象学在研究地理主题上的实践应用参见 Dardel，1952；Eliade，1957；Bachelard，1958；Lowenthal，1961；Heidegger，1962，1971；Buckley，1971；Fischer，1971；Tuan，1974a，1974b，1975a，1975b，1977；Jager，1975；Moncrieff，1975；Graber，1976；Relph，1976a，1976b；Seamon，1976a，1976b；Rowles，

1978。值得注意的是，除了达德尔（Dardel）和洛文塔尔（Lowenthal）的著作，所有 1970 年之前的著作都不是出自地理学者之手。现象学对地理学的相关批判包括：Entrikin，1976，1977；Ley，1976；Cosgrove，1978；Gregory，1978。

[5] 雷尔夫的《地方与无地方性》一书，是目前地理学界关于现象学最好的论著。此书用很多例子阐释了地方经验和与之相反的无地方性。最有价值的是雷尔夫提出的内部性—外部性的连续统一体，它可以被用于地方体验的不同模式中。

[6] 这些因话题而设的小组观察见附录 A 。

第二章

现象学和环境体验小组

> 现象学始于沉默。只有那些经历过真正的困惑和挫折的人，当他们面对某个现象，并试图准确描述它的时候，才会懂得所看到的现象意味着什么。
>
> ——赫伯特·斯皮格尔伯格（Spiegelberg，1971：672）

在规范的日常存在中，人们会陷入一种现象学家称之为“自然而然” *20*
的状态，即无条件地接受日常生活中的事物和体验（Giorgi，1970：146-152；Natanson，1962）。现象学家通常称这种状态中的世界为生活世界。它是一种日常的、理所当然的模式和环境，人们用它指导着自己的日常存在，而非将其当作意识的关注对象（Buttimer，1976：277，281）。若持自然而然的态度，人们则不会经常检视生活世界，作为现象的生活世界就处于隐藏的状态：

> 自然而然的态度使我们过分受制于实践和理论上的一般追求，受制于我们的目标、目的和设计，使我们不易察觉世界本身呈现给我们的方式。通过意识活动，我们生活的世界及其包含的所有事物对我们而言将变得可接近，但它依然是神秘的、尚未主题化的。在这个意义上说，它仍是被遮蔽的。（Giorgi，1970：148）

改变态度就是人们常说的现象学还原，现象学家力图使生活世界成为人们关注的焦点："基于自然而然的态度的行动原来是简单的，现在已成为研究主题，并成为反思分析的题目。"（Giorgi，1970：148）在还原过程中，有一个重要的工具是悬隔（epoche）。它主张在体验事物时，把确信无疑的先见悬置起来。现象学家试图从生活世界中抽身，通过悬隔来重新检验生活世界的本质，"将感知到的理所当然的内容带入意识，使个人与世上其他人产生共情"（Buttimer，1976：281）。

> 21 悬隔并不意味着现象学家拒绝世界，或拒绝关于世界的经验。相反，现象学家质疑的是那些描述和解释它们的概念、理论和模型。如果合理地实施悬隔，现象学家可能会发现，他们之前所"知"的许多映像和模式是值得怀疑的，而那些被忽略或被认为不重要的事物会清晰地浮现出来。这些都需要检验和描述。（Zeitlin，1973：147）

因此，现象学是一门描述性学科。它彻底质疑生活世界中理所当然的事物，以及那些描述它们的理论。通过悬隔，现象学家重新认识人类经验，并尽可能准确地记录作为结果的发现。

一、分组调查作为一种现象学研究的方法

在传统认识论中，认知模式被贴上主观或客观的标签。人们通常认为，主观认知是个人的经验。相反，客观认知则是与普遍适用、可被检验、可被当众重复的假说相联系的（Buttimer，1976：282；Rogers，

1969）。现象学是这样一种认知方式，它接受以上两种传统模式的有效性，但并不全部赞同。通过主体间的确认（一个人的主观认识被他人认可），现象学试图建立普遍适用的人类经验。不同于探求因果的客观研究模式，现象学试图对现象和事件仅做描述性澄清，旨在让个人自身与世界的“主观性”展开对话（Buttimer，1976：282）。

分组调查是促进这种对话的方式。一些人对更好地理解某种特殊现象兴趣盎然，他们会定期会面，在或短或长的时间里一起分享相关经历，认为随着时间的推移，这种人与人之间的分享和确证会使他们作为一个群体，更深入、更彻底地了解现象本身。

分组调查被实际运用于现象学研究。费舍尔（Fischer，1971）是早期的现象学家，他将分组调查作为现象学进行隐私研究的一种技术手段。他的研究先于正统现象学的出现近一个世纪。

诗人和剧作家歌德（1749—1832）敏感地意识到了现象在人际 22
关系探索中的价值，在经验性研究中使用了光和色彩技术（Seamon，1978a，1978b）。不同的人对事物敏感的部分不同，歌德认为，如果一个人调查时能够努力吸收他人的观察结果，那么就可以更快地发现事物的更多方面：

> 人们一旦把警觉的、机敏的注意力集中在某个现象上，就会发现他们既喜爱观察，也擅长观察。我热衷光色研究，在研究中常发现上述情况。因此，我经常与并不擅长光色观察的人讨论自己当下的研究内容。一旦兴趣被激发，他们就会注意到一些我还未发现甚至忽略的现象。我借助他们的发现更正了自己过早程式化的想法。如此，我才有机会更快地提升认知。我在研究中虽然投入了很多精力，但依然有局限性，而这些普通人的发现有助于我摆脱局限性。

（Geothe，1952：221－222）

分组调查的过程旨在建立人与人彼此支持的氛围，组员可以彼此理解并找到发现的瞬间。在这样的瞬间，不相关的信息会突然在更高层的意义上相互联通，显示出未知的新模式（Bortoft，1971；Seamon，1979a）。参与者的注意力被训练，以集中于鲜为人知的或先验的事物，发现事物的本质。参与者借助彼此的观察结果和见地，尝试将所有以前的概念搁置一旁，重新审视世界。

分组调查有助于人们获得补充性结论，它既为研究者提供了对现象的描述性文字，也深化了参与者对现象的理解。研究者获得的经验数据可被用来检验，并按研究的要求更为清晰地描述现象。参与者开始抛弃自然而然的态度，并把生活世界的方方面面作为关注的对象，进而探究它们。调查小组会调查日常生活的诸多方面，而它们在之前被认为是理所当然的，或者很少受到关注。理想化地说，调查小组的成员变得对生活世界更敏感了。

冯·埃卡尔兹伯格（von Eckartsberg）指出，分组调查以及类似的现象学研究方法有双重价值。他论述了参与者和研究者对话的过程：

23 尽管研究者和被研究者双方对话的目的和焦点各有侧重，但是对话的过程也是各自转变、相互学习的过程。对研究者而言，这个过程意味着对研究现象的深入理解，是将现象作为受关注的、生活中实实在在的、独特的人类行动和经验。对被研究者来说，转变则意味着对自己生活的某一方面开展反思，并进行深入理解。（von Eckartsberg，1971：78）

二、可能存在的问题

分组调查方法可能存在一些问题。第一个问题是普遍适用性。少数人的社会经济和文化背景覆盖的种类是有限的，多数人的认识是否可以基于少数人的报告？调查小组的看法如何代表更广泛的人群？恰当的现象学研究方法是否要求研究对象来自生活世界中的不同人群？

传统科学研究方法在统计学上要求步骤恰当。若想让研究结论普遍适用，研究步骤恰当是合理的先决条件。按照抽样的要求，参与研究的小组要被仔细确认。对于可接受的人际佐证的问题，现象学方法与强调精确度量和客观性的研究方法不同。在现象学看来，一个人的处境本身就可以代表更多人的处境。调查小组的人员构成虽然简单，但是其经验能忠实地反映它所联系的更广泛人群的经验模式。

作为人类，一方面每个人都是独特的，我们作用并反作用于文化、经济和其他相似的生活背景；另一方面人会有共同的特质。例如，我们都有四肢，在空间上有移动和静止行为。我们或多或少都利用五官进行感受（Lowenthal，1961；Tuan，1974）。在这一研究层面，调查小组的参与者就是典型的人类样本。他们的经验描述可典型地反映人类的经验。某个参与者经验中的特定主题和特点，或许会引发其他参与者的共鸣。分组的目的就是探求这些主题的共性，并尽可能精确地研究它们。

精准度是分组调查的第二个问题。参与者提供的经验数据是否可靠？记录是否忠实反映了他们旨在描述的事物？

冯·埃卡尔兹伯格将这个难题称为“选择性关注”，即人们通过和 24
特定情境的交互作用获得自身体验。人们在互动中有选择地滤除了经验的某些方面，有意放弃观察，不去关注（von Eckartsberg，1971：72）。鉴于这个问题，许多社会学家在使用经验数据时犹豫不决，因而建构了一些方法工具，如测谎仪、问卷调查和语义差异量表，目的是将这些定性描述转变为定量形式的内容，以适于效度的前设标准。

然而，如果选择性关注是一个问题，那么人们同样会怀疑个体能否全面客观地描述环境行为和经验。行为主义研究不会有这种怀疑，这在很大程度上源于它的科学立场，即假设人类行为和经验是可以被全面描述和解释的。但是，人类本性的一个基本特质是，人类意识触及的范围是局部的，因此只能部分地阐释我们所经历的体验。如果选择性关注不被视为问题，那又会怎样？冯·埃卡尔兹伯格写道：

> 无穷尽的生命过程使每个事项都极为复杂，我们作为个人在意识经验中只能体验有限的方面。我们的意识焦点和意识所及都是有限的，都只阐明了某种情境中总体事物过程的某些方面。（1971：76）

虽然一个人对自己经验的描述可能受到知识范围和认知能力的限制，但这种描述依然是重要的，是“体验事物的第一线索”（von Eckartsberg，1971：76）。分组调查收集的经验不只是由一个人提供的，还来自一些乐于思考的人，他们相互质疑彼此记录的经历。从这一意义来看，分组调查方法将个人自身的有限叙述力量，延展到一个主体间相互确证和批评的大平台。不同人的叙述突出了现象的不同方面，总的调查结果则升华为混合的、比个人独立描述更宏大的图景。

三、环境体验小组

位于新英格兰地区的马萨诸塞州有一个工业城市叫伍斯特，大约有

16 万人口。造访者称这座城市肮脏、令人沮丧。他们常常问当地人：“你为何居住于此？”

“三层屋”是伍斯特市代表性的符号，看起来像一摞头重脚轻的鞋 25
盒。这样的房子建于经济腾飞时期，面向的是大量涌入的新劳工。伍斯特市是一个移民城市，面临着人口老龄化问题。城市街道纵横交错，市中心有一个新的大型购物中心，以及两幢并不太高的楼。伍斯特市在很多方面都独具特色，因此是一个典型的人类环境体验场所。

克拉克大学坐落于伍斯特市，规模不大，拥有 2200 余名学生。校园在城市中只占几个街区的面积。克拉克大学所在的邻里区位于城市中心的主街，该地区正日渐衰落。克拉克大学校园被城市包围着，这种位置与其他大学不太一样。该校给人们的印象是自由主义的，甚至是激进主义的。地道的伍斯特人从未接纳过这所大学，他们认为克拉克大学是一个混合着爱与不信任的地方。

研究者选择的环境体验小组的成员既有居住在伍斯特市的，也有居住在克拉克大学的。除了一位失业的中学老师，其他组员都是克拉克大学的学生，年龄为 19~26 岁（表 2.1）。这些人最初是通过宣传海报、信件和口头消息获得招募信息的。学生参与这个项目并不会获得学分。在两个学期中，有足够多的人志愿参加，并组成四个小组：先在秋季学期建了两个，又在春季学期建了两个。组员总共 19 人，10 女 9 男，每组中都有活跃人物，保证多少都会有一些观察结果。后来有些组员退出了，有些则会不定期地加入。核心的 7 个人包括我自己，自始至终参与了每周三和每周四晚间持续约一个半小时的例会。会议气氛友好，能让参与者增长见识。例会旨在营造可以使参与者感到放松的氛围，以便大家尽可能多地分享清晰、精确的经历和记忆。[1]

每次会议我都会录音、做记录，然后通过校园电子邮箱发给小组成员，方便他们对观察结果进行回顾和反思。[2] 每周我会将前面的和本次的记录梳理一遍，重新阐述记录的内容，以找出主题之间的脉络、未曾注意到的内容，以及各部分之间的关系。到第十周，我意识到可以用“移动”“静止”和“相遇”来很好地描述大多数记录内容，并且意识到需要补充一些主题，如在日常空间移动中身体的角色，人与地方之间的情感联系。

26 表 2.1 环境体验小组成员特征（不含作者）

序号	年龄	父亲的职业	母亲的职业	居住地和居住时长（年）	班级
1	23	百货商场的跟单员	家庭主妇	克利夫兰，俄亥俄州（18） 巴尔的摩，马里兰州（2） 安阿波尔，密歇根州（2） 伍斯特，马萨诸塞州（1）	M
2	20	小学老师	大学生	弗雷斯诺，加利福尼亚州（5） 弗里蒙特，加利福尼亚州（14） 伍斯特，马萨诸塞州（1）	LM
3	21	销售经理	办公室管理者	西奥兰治，新泽西州（18） 米德伯格，佛蒙特州（2） 伍斯特，马萨诸塞州（1）	M
4	19	工科教授	特殊教育教师	田纳福雷，新泽西州（18） 伍斯特，马萨诸塞州（1）	UM
5	20	零售店经理	图书馆员 / 秘书	什鲁斯伯里，马萨诸塞州（5） 尼达姆，马萨诸塞州（13） 伍斯特，马萨诸塞州（2）	M
6	19	律师	秘书	亚历山大，弗吉尼亚州（13） 阿灵顿，弗吉尼亚州（4） 伍斯特，马萨诸塞州（1）	UM
7	19	广告行政人员	家庭主妇	费城，宾夕法尼亚州（17） 伍斯特，马萨诸塞州（2）	M

续表

序号	年龄	父亲的职业	母亲的职业	居住地和居住时长（年）	班级
8	21	木材经销商	秘书	拉夫兰，科罗拉多州（18） 博尔得，科罗拉多州（2） 伍斯特，马萨诸塞州（1）	M
9	20	商务行政人员	家庭主妇	斯普灵谷，纽约州（18） 伍斯特，马萨诸塞州（2）	UM
10	19	化工工程师	家庭主妇	麦塔，新泽西州（17） 伍斯特，马萨诸塞州（2）	M
11	23	失业，以前从事广告业	法学院学生	亨丁顿，纽约州（18） 特拉华，俄亥俄州（2） 伍斯特，马萨诸塞州（3）	M
12	20	经销商	心理学家/咨询师	费城，宾夕法尼亚州（18） 伍斯特，马萨诸塞州（2）	UM
13	19	会计	老师	布鲁克顿，马萨诸塞州（18） 伍斯特，马萨诸塞州（1）	M
14	26	修车行技工	家庭主妇	里奇菲尔德，纽约州（18） 奥尔伯尼，纽约州（4） 英国（1） 伍斯特，马萨诸塞州（3）	LM
15	21	超市经理	家庭主妇	布里奇波特，加利福尼亚州（18） 伍斯特，马萨诸塞州（3）	UM
16	21	社工	家庭主妇	银泉，马里兰州（18） 伍斯特，马萨诸塞州（3）	UM
17	19	牙医	家庭主妇	提内克，新泽西州（18） 伍斯特，马萨诸塞州（1）	UM
18	21	代理律师	家庭主妇	海兰德帕克，伊利诺伊州（19） 伍斯特，马萨诸塞州（2）	UM

27 调查小组遇到的最大难题是每周的讨论要选择什么焦点话题。任何一位现象学家在开展研究时都会面临两难困境。一方面他要努力做到不对事物做预先评判；另一方面他为了开展研究又必须构建一个研究指南，以提供一些可遵循的探索途径。若非如此，他的探究就会迷失方向。他将无法从看似不重要的事物中辨别事物的重要方面。他必须找到一个折中点，既可以引导研究，又不妨碍发现现象本身。

在环境体验小组的研究中，我通过每周确定讨论话题来将问题难度最小化。在每次讨论会的最后，我会给出下周的话题，如日常空间移动模式、与地方相关的情感、目的地、关心与拥有（表 2.2）[3]。我要求小组成员时刻不忘本周要讨论的话题，并且观察与话题相关的特殊经验，思考过去的经历中有哪些与话题相关。参与者会在每周的主题讨论会上汇报自己的发现，次序随意。小组并不强制每个人都发言。经常发生这样的情况：一个人的汇报会提示有类似经历的其他组员，引起反响。除了这些超出预料的结果外，小组还经常让之前模糊的、未曾被关注的事物建立起联系，并形成模式。

我在最初几周设计了一些讨论话题，这些话题来自我自己日常环境经验中较为详尽的现象。随着小组实验的进行，大家讨论过的某个话题会被重提，新的话题随之而来，如地方、习惯和例行事务的重要性。这些话题最初呈现为概略的、碎片化的形式，经过讨论，它们会变得更加清晰，且暗含与其他话题的联系。这样的话题形式常常自身就成为话题。我们有 17 个讨论话题。在小组实验开始之前，我确定了 5 个：日常空间移动模式、中心化、关注行为、空间移动、与地方相关的情感。其他 12 个话题是在小组实验的进程中陆续产生的。

表 2.2　环境体验小组的话题 28

1	日常空间移动模式
2	中心化
3	关注行为
4	空间移动
5	在空间移动时我们注意的事情
6	与地方相关的情感
7	物品摆放的地方或把物品摆放在某处
8	决定何时去往何地
9	背离中心的分散
10	目的地
11	迷失方向和迷路
12	关心与拥有
13	忽视与沉浸
14	路径、对指示物的依赖
15	秩序
16	春天
17	中心与远方之间的张力

随着时间的推移，围绕这 17 个话题，小组产生了约 1500 份观察报告。其中既有只言片语，也有大段文字，甚至有长篇累牍的描述。我按照“移动”“静止”和“相遇”这三大主题，对观察报告进行了分类。这三大主题是本书结构的主要部分，因此建议读者先在脑海里据此建立起本书的构架。

四、适当性和文本运用

本书所运用的分组技术是恰当的，且与下面介绍的现象学研究效度相关。调查小组的描述性概括是否可以应用于多数人类情境？读者是否能够在这里发现自己日常生活的痕迹？尽管我们的现象学研究基于有限的经验，但研究讨论的是模式和关联，这些模式和关联可以用于发现他人生活世界的过去、现在和未来。若调查小组成员是其他人，如苏丹的农村人、宾夕法尼亚州的阿米什教徒[1]、纽约的上流人士、托马斯·哈代小说中的人物，那么他们独特的经验报告会展现出完全不同的生活世界。然而，在这些表象下面，应该存在相同的经验结构。

29 现象学与其说是寻求结果，不如说是寻求过程。描述发现的文字可以让其他人了解发现的内容，而发现的瞬间与描述发现的文字具有同等重要性。有时是小组中的一个成员遇到了发现的瞬间，有时是几个人，甚至全组。我自己的发现瞬间会出现在我坐下来反思的时候，重新梳理所发现的事物的时候，尝试写作的时候，以及在街头信步的时候。

全书各章清晰地表达了我对发现的理解，而这些发现是在小组实验过程中获得的。我不希望代表其他组员，因为每个人在不同时期对同一事物有不同程度的理解。附录 B 描述了参与者在分组实验过程中的评论观点，以及对小组其他人表达的意思做出的解释。

在阅读以下各章时，读者若能做如下努力，必然获益良多，即找到自己的经验表述与其他个体或群体经验的共鸣。当然，这些个体或群体要与自己很相似。约瑟夫·格兰杰（Joseph Grange）指出：“我们必须……正确看待我们的世界，因为我们正经历着它，而不是因为我

---

① 阿米什教徒（Amish），又译门诺派教徒、孟诺派教徒。阿米什教派戒律谨严，主张过极为节俭的生活。——译者注

们通过理性的预设和意识的社会化模式建构着它。”（1977：142）换言之，我们的目的不是获得小组实验所发现的结果，探讨它们的逻辑效度，而是在日复一日的经验中寻找“存在”。如此，读者可以接触调查小组发现的经验资料，并根据自身或他人的日常生活，决定接受或拒绝这些经验资料。约翰·怀尔德（John Wild）认为：“通过理解我们的存在，我们可以理解思想，但是仅凭思想，我们永远不能理解存在。”（1963：20）

【注释】

[1] 附录 C 能为设立和组织环境体验小组提供指导。

[2] 前几周，录音机使一些组员感到紧张，然而他们很快就忘记了录音机的存在，开始正常地投入交谈。

[3] 附录 C 给出了这些主题的细节描述。

第二部分

地理世界中的移动

每隔一个星期，我都会在七点五分到七点二十之间经过这里。我的移动就像宇宙中星球运动的轨迹那样有规律。

——托马斯·哈代（Hardy，1965：24）

第三章

关于移动的认知理论和行为主义理论

即使在寻常的夜里，林中也会比其他地方更幽暗。为了记住没有车辙的小路，我频频仰望小路两侧树与树的间隙，用双脚感觉自己走过的模糊不清的足迹……有时，我在黑暗、闷热、潮湿的夜晚回家，当双脚感受着眼睛看不见的小路的时候，我似在做梦，一路心不在焉，直到不得不亲手扳动门闩，才发现自己并不记得之前走过的每一步。我认为，如果主体放弃了找寻归途，或许我的身体能够找到回家的路，正像我们的手，它会毫不费力地直接找到嘴。

——梭罗（Thoreau，1966：113-114）

移动是自然界无休止的现象。在所有自然世界的空间尺度中，有生命和无生命的万物都参与到持续的周期性移动中。大陆板块在地球内力作用下缓缓漂移；大量的土壤和岩石在水、风和地球引力作用下运移；种子从源地散播开来；成群的候鸟随季节的交替而长途迁徙。

移动是地理学长期以来一直探讨的主题。地理学家始终研究着移动现象，诸如河流沉积物的运移，世界各大洋货物的流通，被驯化的动植物从一个大洲扩散到另一个大洲。在行为视角的刺激下，地理学家对移动的兴趣大增，因为它发生在个体的层次上。学术界已开展研究的主题通常为“活动空间”“时间地理学”或“空间认知和行为”。[1]

本书所讲的“移动”意指，人们自己引发的个人身体或身体的某个部分的空间位移。环境体验小组频繁提及“移动”。[2] 通常，小组的讨论集中在户外环境中的移动上。例如，从工作地开车回家，乘公共汽车去市中心，走路去商店。组员们也观察描述较小尺度空间中的移动，如从一个房间走到另一个房间，打开电灯，取写字台上的订书机。正因有这样的观察，我最终将“移动”定为本书首先论述的主题。第三章到第七章探索了移动的几个性质：惯常的性质、身体的独立性、移动的时空延展形式。当这些性质被综合起来时，它们指向移动的基本经验结构，即移动是体验的基本性质。

34 描述移动可以将认知理论和行为主义理论联系在一起。传统上，社会科学认为日常空间移动有这两种认识方法。大多数地理学家认为，空间认知理论与理性主义的哲学理论密切相关。空间认知理论认为，空间行为是基于诸如思考、理解和决策的认知过程。[3] 在实践中，这类研究多数针对个人或群体空间认知的表征，研究方法是绘制地图和问卷调查。其基本假设是，研究认知地图（大部分地理学家也这么定义）有助于理解个人和群体的空间行为。罗杰·唐斯（Roger Downs）和戴维·斯泰亚（David Stea）解释道：“我们对空间认知定义的基础是行为，尽管其行为有复杂多样的表现，但是简而言之，人类的空间行为基于个人对空间环境的认知地图。”（Downs and Stea，1973：9）[4]

行为主义是与经验主义传统哲学相联系的哲学分支，它研究空间行为。行为主义研究认为，日常的空间移动符合刺激—反应模型。外部世界的特定刺激是引起人的空间移动反应的原因。例如，电话铃声响起，人们听到后起身接电话。为了尝试模拟自然科学的方法，行为主义者的研究重点被限定在可观察的行为上，通过经验主义方法测量行为方式是否因刺激而改变。他们低估了所有内化的体验过程（如认知、情感和身体智能），认为这些现象是主观的、不严密的，只有表达之人才能理解。[5]因此，他们研究人和动物的行为，而非行为体验。实践中，行为主义者对空间行为的研究主题明确，如老鼠学习走出迷宫，很少涉及人如何穿越某种空间。[6]

认知方法和行为主义方法都有一个重要弱点，即必须用先验的理论 35
来解释空间行为。认知理论认为，认知地图是空间行为的重要部分，这点是毋庸置疑的。行为主义者认为，刺激—反应的结果具有重要性。然而，没有一个实验小组觉得，研究空间行为现象是必要的，因为空间行为现象是对生活世界的一种经验，更是一个体验过程。如实地说，上述两类研究者已然接受了某种理论，然后应用这种理论开展经验性调查。

我争取摆脱这两种对立的理论，回归日常移动。在环境体验小组的调查报告中，日常移动被描述成一种经验。我观察移动，将之作为一种独立存在的现象，而不是这两种主流研究观点中的任意一种所定义、分类和解释的事物。一方面，我摒弃了移动取决于认知地图的假设；另一方面，我将移动时的刺激—反应看作一个过程。

与认知理论的观点相对立，我认为认知在日常空间行为中仅起到了部分作用。环境的尺度是多种多样的，而日常移动的尺度只是其中一部分，它是先于认知的，并与身体的前反射知识有关。不同于行为主义者的角度，我认为对于外界刺激，前反射知识不是一个离散的、消极反应的链条。每个人在日常空间中都有自己典型的生活方式，它可以被身体内部一种积极的意识能力熟练地掌握。进而，我认为，身体的知识不是一种结构，与空间行为的认知内容分离，而是双方频繁地相互促进。

先前一些研究者认为，行为地理学研究采用的大多数理论不能解释行为，因为后者是经验性的。例如，布蒂默说：“近年来，学术界对环境行为的认知和认知维度有一种虚幻的着迷。”（1976：291）段义孚对此展开批判，他写道：“不能假定，人们都是按照头脑中的图画行走的，图画般的映像，或与真实地图相似的心理地图指导着人们的空间行为。”（1975：213）本研究的发现将会证实布蒂默和段义孚对环境行为研究的批评是正确的，同时呼应后续章节中法国现象学家梅洛－庞蒂的观点。

【注释】

36 [1] 关于活动空间的例子，参见 Chapin and Hightower，1966；Adams，1969；Wheeler，1972。关于时间地理学，参见 Hägerstrand，1970，1974；Thrift，1977。关于空间认知，参见 Downs，1970；Downs and Stea（eds.），1973；Hart and Moore，1973；Moore，1973，1974，1976；Moore and Golledge（eds.），1976；Downs and Stea，1977；Leff，1977。

[2] 有些词语描述的是无意识动作，如眨眼睛、呼吸、发痒等。在实践中，我们忽视了这些移动，因为它们绝大多数不为人注意，且几乎与人关于地方、空间和环境的经验无关。

[3] 哈特和摩尔讨论了传统哲学之外，认知视角的兴起（Hart and Moore，1973）。法国现象学家梅洛－庞蒂强烈批判了被他称为“理智主义”（intellectualism）的传统（Merleau-Ponty，1962）。环境认知的方法不止一种，详见 Downs and Stea（eds.），1973，Moore and Golledge（eds.），1976。认知方法可以分为两个主要分支，至少在理论上，它们声称要从不同视角研究环境行为。基于行为传统的认知理论家接受了环境行为的刺激—反应模型，但将认知作为重要的干预过程（Tolman，1948；Osgood，1953；Stea，1976）。不基于行为传统的认知理论者持“交互—建构”的观点，该观点源自皮亚杰的著作（Hart and Moore，1973）。这些学者抨击行为主义的认知模型将有机体视为被动角色，认为个体能主动地调节与环境的关系 [Piaget and Inhelder，1956；Hart and Moore（eds.），1973；Moores，1973，1974，1976]。

在实践中，这两个分支的学者都使用相似的操作技术，尤其是绘图和建模。通常，我们很难看出两者的解释与理论的语言基础有何不同。暂且不计两者强调的观点有何不同，它们均假设环境行为是认知的功能。因此，有理由认为这两种类型的人都是认知理论学者。关于这两种方法重要区别的讨论，参见摩尔的论述（Moore，1973：8-13）。

[4] 肯尼斯·博尔丁（Kenneth Boulding）的《意象》（*The Image*，1956）是早期有关认知视角的哲学讨论，影响了社会科学的发展（Boulding，1956）。凯文·林奇（Kevin Lynch）的《城市意象》（*Image of the City*，1961）是首次运用认知方法的经验研究。该书的方法被海量复制，遗憾的是，其中没有一个研究考虑到，林奇浓墨重彩书写的意象结构是否能够有效展示出人们的体验（De Jonge，1962；Gulick，1963；Appleyard，1970；Beck and Wood，1976a，1976b）。段义孚对这部著作提出了富有洞见的怀疑（Tuan，1975a）。

[5] 泰勒写道："行为主义试图通过理论和法则来解释人类和动物的行为，然而这些理论和法则仅存在于自然事物和事件中。因此，行为主义企图避开一些概念，如目的、欲望、意向、感觉等。这些概念被用于指定事物，但即使它们确实能指定事物，它们指的也是生物体内的、不可观察的事物和事件，位置在人体器官之内。"（Taylor，1967：516）对行为主义假说的抨击，参见 Merleau-Ponty，1962，1963；Koch，1964；Giorgi，1970。对行为主义著作中实验方法的抨击，参见 Giorgi，1971a，1971b。

关于认知的研究不止行为主义理论一种，还有其他几种。参见泰勒对于其 37
差异和哲学基础的讨论（Taylor，1967）。

[6] 在对迷宫中老鼠行为的研究中，克拉克·赫尔（Clark Hull）的著作最具代表性（Hull，1952）。20 世纪 40 年代后期和 50 年代初期，行为主义者和认知行为学者之间的矛盾与日俱增，其中，行为主义者以赫尔为代表，认知行为学者以爱德华·托尔曼（Edward Tolman）为代表（Stea and Blaut，1973）。该讨论的焦点为学习是根植于离散的刺激—反应联结，还是根植于认知地图过程。伴随着这场讨论，研究者们做了一大批白鼠实验，以证明存在一种规律可以解释所有的学习根源——不是刺激—反应理论就是认知地图（1973：52）。

第四章

习惯和身体—主体的概念

当还住在家里的时候，我必须开车去学校。从家到学校没有往返都能行驶的道路，来去都是单行路。有一次，我忽然清晰地意识到一个事实，那就是我每天上学和回家的路一成不变。非常有趣的是，我无需告诉自己要走哪条路，这是自动完成的，不用做什么选择。当然，总有些时候，我不得不先去学校附近的某个地方，那么我会走一条不同的路线。否则，每一次我往返家与校园，都循着相同的路线。

——环境体验小组组员（附录 A 1.1.6）[1]

习惯几乎全部是无意识的习得行为。环境体验小组的观察表明空 38
间移动有习惯性特点。组员们都发现，日常空间移动自动循着一样的路径顺序。如此说来，沿着路径移动是“自己”完成的，而不需要意识关注的介入。本章开篇引用的经验叙述来自一名组员，他认为，有时行动是在内心自动完成的，“不用做什么选择”。其他组员的发言反映了同样的“自动”特征。“你甚至不知道为何就径直去到那里了。”（见附录 A 1.2.1）“我毫不费力、毫无意识地做了这件事。”（见附录 A 1.1.13）“我们就是这样回到家的。”（见附录 A 1.1.7）“我总是想走相同的路线。”（见附录 A 1.1.2）

习惯性的移动遍布所有的环境尺度，从驾车的范围、步行的范围、身体抵达的范围到手指移动的范围。一名组员说不记得自己每天是如何走到教室的："我不记得自己走过哪里，行走是自动完成的。"另一名组员说："我并没有意识到自己在往'错'的地方走。"他最近和同租一栋房子的伙伴换了房间，发现自己偶尔会直接去原来的房间（见附录 A 1.1.9）。第三名组员在将脏毛巾洗晾后，忘了放一条干净的毛巾在洗碗池下方，尽管如此他的手还是习惯性地伸向那里取毛巾（见附录 A 1.1.11）。第四名组员发现，自己原打算拨打其他号码，却拨打了家里的电话（见附录 A 1.1.12）。他解释道："我的思绪在别处，所以我的手指自动拨打了它们最熟悉的电话号码。"

39 想不起自己如何走到教室的组员，专门写了一段关于自己习惯性移动的描述（见附录 A 1.2.2）。她说："我一到教室就纳闷自己是怎么到那儿的，感觉自己只是机械地走到了教室。我不记得自己走的是哪条路，只是不假思索地起身就走。我的身体知道自己要去哪里，也不用多想要走哪条路。"这个陈述采用了诗歌般的措辞，表明移动有时是一种自动的过程。在这个过程中，她几乎未曾使用意识的关联。她发现自己已经到了该去的教室，路上丝毫没有留意空间移动是如何发生的。从家到学校要走无数步，有许多转弯和上下车，但她对之毫无印象。[2]

一、关于习惯的认知释义和行为主义释义

行为主义者和认知理论家以矛盾的方式来论述习惯性移动。后者认为，习惯行为并不真的是习惯。如果一个人可以看到指导"习惯"的空间行为的内部过程，他将发现自己其实有意识地评估了周遭的形势，然后持续地运用着自己的认知地图：

> 毫无疑问，大量的空间行为是重复性的、习惯性的。因此，在空间移动过程中，你会感觉到“可以蒙上眼睛完成移动”或“闭上眼来做某件事”。但是，这个刺激—反应过程显然并不简单。你必须告诉自己“这里要转弯了”，这个提示让你做好准备……或通过判断交通拥堵时段，提醒自己“今晚要换一条回家的线路”。在上述情形下，你甚至会提前思考（无论是文字的还是隐喻性的感觉），并运用自己的认知地图。（Downs and Stea，1973：10）

严谨的行为主义者则拒绝对环境和行为认知过程有任何干涉。[3]他们一再强调日常空间移动的自发性，将其定义为强化。例如，任何事件都会引起反应，而这些事件的发生又会增加后续事件的刺激概率（Hilgard et al.，1974：188-207）。当应用于空间行为研究，这个认知原则意味着，对于一个生命有机体，他若成功地走过了某个空间，那么这次行走的路线很可能成为下次行走的路线。

一次重复空间移动就是一次反应，这样的反应会强化该路径。于是， 40
这一空间模式逐渐就变成了习惯，从而成为无意识的行为。

按照现象学的视角开展研究，研究者必须囊括这两种对立的解释，并澄清在认知领域和行为领域的学者分类之前，哪种习惯性移动可以作为一种经验。通过分类，人们可以知道，在大多数日常移动中，身体是非常敏感的。这样的视角更接近梅洛－庞蒂的观点。

二、身体—主体的概念

> 我驱车去牙医的办公室，在一个有交通信号灯的十字路口突然

> 发现自己向左转了，而我本应当直行。从这一刻起，我开始观察自己的行为。正如刚才发生的那样，我的双臂自动转动方向盘，将车开到我本不应该走的街道上。双臂完全自主地操作，掌握着我的去向，麻利地完成一系列动作。在我有了意识活动，发现自己出了错，并考虑如何选一条最好的路线返回原本要去的街道之前，我的车已经通过了那个转弯，走了一半的路程。行驶到那个转弯处时，我正想着牙医会怎么治疗我的牙齿，没有注意自己行驶的方向。通常我的确要在那个交通信号灯处转弯，因为我朋友住在那条街上，我常去拜访。（见附录 A 1.1.8）

移动的习惯属性是由身体引发的，因为身体储藏了自己特殊的有意感知。审视这段观察文字可以发现，这名组员在有意识地行动之前，被“某个东西”直接掌控着行动，“双臂完全自主地操作”。另一名组员描述了拉动电灯开关的动作：“我伸手摸到灯绳，只一拉，灯就亮了。手自己确切地知道要做什么，自行麻利完成，根本不需要我再去思考。”（见附录 A 1.1.10）

移动行为发生在没有任何意识介入之前。开灯的组员无需经过思考，就能“麻利完成”。这与开车的组员的经历极为相似，他当时想着与牙医见面这件事，直到错误已经发生，他才注意到自己正在做的移动：“在我有了意识活动，发现自己出了错……之前，我的车已经通过了那个转
41 弯，走了一半的路程。”他解释道，他的双臂掌握着去向。

开灯的组员则说，他的手可以在黑暗中找到灯绳，他的胳膊可以掌控自己的移动。

其他组员的报告也提到，身体是习惯性移动的根基。一名组员讲述自己行走时，腿具有独立行走的能力：“尽管让腿自己去走，不用留

意腿如何走。”（见附录 A 1.2.3）第二名组员说，他的双手像天生就熟悉写字台，可以自主地拿到信封、剪刀和其他所需要的物品（见附录 A 1.1.13）。第三名组员叙述了他在邮局工作时的本领，可以将邮件快速装进相应的格子（见附录 A 1.9.7）。还有一名组员谈到当她弹钢琴时，手指可以在琴键上飞舞（见附录 A 1.9.6）。

身体是移动的源头，它与最基本的身体姿势有关。以迈步子为例，一名组员描述他在溪流涉水：“一只脚踩下，另一只脚向前迈出，以找到安全的落脚点。”（见附录 A 1.9.1）另一名组员抱怨一处楼梯让他感到不舒服：“我的步幅很难与台阶相协调，我感到不适。”（见附录 A 1.9.2）这些楼梯还让他想起，他在一家艺术画廊走过的修得很好的楼梯：“我的双脚感到就像在家里行走，迈步很容易。而那些令人不舒服的楼梯却很难走，它们不适合我的步幅。”迈步的姿势与腿脚的感知能力有关，这种感知能力还能够在移动中协调产生出特殊的迈步姿势，如涉水时的迈步和上楼梯时不断调整的迈步。

潜在指导日常移动的是一种蕴含在我们身体中的意识力量。这个力量自动显现出来，而且具有感知能力。例如，手指娴熟地敲击琴键，手臂找到灯绳或信封，双手协调以投放邮件，双脚小心地蹚过溪流，双腿迈步到达目的地。借梅洛－庞蒂的话，这种身体的意向性即“身体—主体”。

身体—主体是一种身体的内在能力，它智能地指导着人们的行为。身体—主体也是一种特殊功能，人们通常用如下词语描述这种前意识的方式，如“自动地”“习惯地”“自愿地”和“能动地”。

三、关于身体的认知途径和行为主义途径

身体一个是智能的主体。在关于空间行为的认知理论和行为主义理
42 论中，这个概念较为陌生。在这两种理论看来，身体是被动的。无论是对认知意识发出指令的反应，还是对外部环境刺激的反应，身体都是没有自主性的。这两种理论均未提到，身体可能会在前反应层面起作用。

认知领域的学者认为，移动具有认知的功能。他们的意思是，在任何情境下，人都在有意识地关注移动，即通过思考、评估、计划、记忆，或相似的认知过程，使得移动成为有意的认识客体。[4] 这类研究者几乎没有关注真正的构成空间行为的身体移动，而将所有的精力投入在认知地图上，将之视为个人的空间认知的知识记录。他们强调认知过程，认知过程的假设条件即环境和行为是并列关系。

认知理论者安东尼·华莱士（Anthony Wallace）以观察自己驾车去上班为例展开分析。他首先假设，他的全部驾驶经验可以被分解为一系列操作，它们来自认知。这些操作服从某些“标准的驾驶规则”。基于此，他做出特定的驾驶动作。为了解驾驶规则、外部环境和驾驶行为的关系，华莱士将司机视作一个“自动化的机器”，这个“机器”有意识地筛选外部信息，与驾驶规则相比较，进而向身体发出指令，以期完成恰当的动作（1961：286-288）。有一种观点是，身体能够存储自身有目的的、完整的信息，或独立地呈现认知指令。在华莱士看来，认知指令是在认知地图形成过程中被传达到身体的。我认为这根本不可能。当注意力被引向假设的认知作用时，作为意识主体的身体就被忽略了。

虽然行为主义者在讨论空间行为时也强调身体的重要性，但是他们将其视为一系列对于外部刺激的反应。例如，如果让一位行为主义者描述从家到工作地的驾驶行为，他会分析一系列连续的相互作用，包括变

换的视线、声音，以及影响司机外部感知器官的压力，外加来自内脏和骨骼肌肉的内部刺激。这些多样化的刺激触发了司机手脚的动作，经过不断强化，最终形成专门的驾驶反应，并成功地让司机安全驶达目的地。这一系列刺激—反应最终被整合为一个流畅的逐步渐进的程序。这个程序使司机每天可以轻而易举地、自动地从家驾驶到工作地（Tollman，1973：28）。

环境体验小组的观察表明，认知理论和行为主义理论都是不完善 43
的。认知性描述忽略了这样的事实，即许多移动过程独立于认知评估过程，同时忽略了经验的认知也产生于身体—主体做出错误移动的时候。例如，拨号者意识到拨打了一个错误的电话号码，或司机意识到转错了弯。否则，认知仅指向一些事情（如即将去看牙医），而不是当下的行为。

当身体—主体犯错时，认知关注可以介入的事实指向行为主义者视角的缺陷：行为包含认知成分，如此就不单单是一个简单的刺激—反应行为序列。身体—主体的概念质疑了刺激—反应的概念，因为身体—主体是一个智能的、整体的导向过程，而对于行为主义者而言，身体只会进行一系列消极的过程反应。

以上观察并未表明，移动是对外部环境事物的反应。试想那位开灯的组员。他汇报的中心话题是手举起来时的定向方式："手自己确切地知道要做什么"。在此案例中，环境背景似乎是次要的。事实上，那名组员解释道，他的手臂即便在黑暗中也能找到灯绳，如同在白天一样。同样地，驾车转错弯的那份报告，其焦点是把握方向盘的双手："双臂完全自主地操作，掌握着我的去向。"这份报告表明，作为智能媒介的手能以其自身特有的方式掌控环境。这说明身体并不像行为主义者所假设的那样，只是盲目地对环境中的刺激产生反应。反之，身体是以有意识的方式做出反应的，该方式将行为作为整体来处理，并进一步实现其流畅的、综合的形态。

四、意识的地位

虽然认知在日常空间移动中不发挥最基本的作用，但是必须认识到它的确起了一些作用。在一天中的某些时刻，一旦移动失去自动的、未被关注的特性，人们就开始意识到认知的作用。

虽然人们业已了解认知的功能，但是身体—主体的习惯性行为与实体环境和认知介入并不协调。例如，一名组员说，一家小吃店装修后，
44 他常常找不到收银台（见附录 A 1.3.1）。还有一名组员在单行路上弄错了方向（见附录 A 1.3.3）。这两人都解释了更正错误所包含的有意注意的介入。开车的组员说：“我对自己说：‘这是怎么回事？’我意识到了错误，迅速把车转到正确的方向。”走错房间的组员和那位拨错电话号码的组员有相似的观察。前者说：“一旦进入错误的房间，我马上会意识到走错了，然后再回到自己该去的房间。”（见附录 A 1.1.9）后者说：“我会忽然注意到自己的所作所为，并意识到应该拨什么号。”（见附录 A 1.1.12）错误的移动会激活认知，该认知会迅速评估当下的情景并重新指导行为。

在身体—主体做出特定移动之前，认知可以进行干预。当下的情景如果需要身体做出与往常不同的移动，认知可以发出指令。一名组员在图书馆上了三层楼梯，每一楼层的楼梯入口看上去都是一样的。她走进错误楼层的入口，发现是身体的惯性力量将她推了进去。她说：“我能感

到我的身体在向前移动，就要走进那个入口了。”与此同时，她注意到了楼层标牌。“大脑在我看到门牌时说：‘这并不是我想去的地方。’……只有借助意识，我才会干预我的身体，以完成我所想的事情。”（见附录 A 1.9.3）

认知的作用还出现在不熟悉的环境中。在这样的环境中，有意的注意力假定可以完全控制移动。行为对陌生环境的描述更强调心理上的警觉。人会积极地审视环境，并指示行动的方向。一名组员说：“你必须时刻警惕，确保知道自己要去哪儿。”（见附录 A 1.7.1）“我必须‘保持警觉’，”另一名组员说，“辨别我是否走对了，是否已经走过了要找的房子，要留意房子是在路的左边还是右边。”（见附录 A 1.7.2）[5]

认知比身体—主体更有能力。一名组员讲道：“所有持续的观察都需要花费大量的精力。一旦你知道了如何到达一个地方，那就容易多了。你只是去那里，而无需费力辨别。”（见附录 A 1.7.1）身体—主体会随着时间的推移变得认识道路，之后的行走就变得轻松自如。路线变得理所当然，原本看起来很长的距离变得合理。一名组员说：“你在脑海里思考一个‘距离’时，它会显得更长，但是当你走了一遍后，就会觉得这个距离并不那么长。”（见附录 A 1.6.2）[6]

总之，认知在日常移动中扮演某种角色，特别是当某个移动是新 45
的、不熟悉的或者发生在不熟悉的环境里时。然而，移动的更大部分源于身体—主体前反应的感受能力。将认知与身体相联系，一个人可以更深地探索身体—主体，寻求它如何习得移动以及它如何为梅洛－庞蒂所阐释。

【注释】

[1] 附录 A 包括本书提到的所有观察报告。感兴趣的读者如果想看完整的观察报告，或者相似主题的观察报告，可参阅附录 A 。这些观察报告来自环境体验小组。为使文字更流畅，我对报告做了一些改动。

[2] 关于习惯性移动的其他观察报告，参见附录 A 的 1.1 部分。

[3] 此外，需要特别关注的是，有一个行为主义小组认为，他们既采用了刺激—反应的基本模型，也吸收了认知作为中介变量的观点。正如第三章注释 [3] 所述，我认为这个小组采用的是认知理论传统。

[4] 关于认知的意义和相关术语，参见 Moore and Golledge，1976。

[5] 毋庸置疑，认知在日常环境体验中还扮演着其他角色，我在这里未再多加考虑。例如，段义孚在质疑环境意象研究时，描述了大家尚未注意到的认知地图的五种功能：认知地图能帮助人们为陌生人指路；认知地图能帮助人们在头脑中进行空间行为的彩排，以便于人们事先理智地确定能否到达要去的地方；认知地图作为记忆的工具，能帮助人们记住地方、事物和人的位置；认知地图是虚构的世界，它描绘的目标也许可以引导人们走出惯常世界；认知地图能像真实的地图一样提供数据组织方式（Tuan，1975a）。

[6] 关于距离感变化的其他观察，参见附录 A 的 1.6 部分。这一主题值得现象学进一步探索。

第五章

梅洛 – 庞蒂和身体—主体的习得

> 意识通过身体的媒介来接近事物。当身体理解了某个移动时，就意味着该移动已被习得。当身体把移动包含在自己的“世界”里时，移动身体就是通过身体来完成任务的；移动允许某人对事物的召唤做出反应，这种反应完全独立于任何表征。如此，移动一如从前，不是意识的仆人，它把身体运送到空间中的某个点，这个点是我们预先已形成表征的那个点。我们要将身体移动到某个目的地，这个目的地就必须首先为这样的移动而存在。我们的身体必须不属于“自在”的范畴。
>
> ——梅洛 – 庞蒂（Merleau-Ponty，1962：138-139）

梅洛 – 庞蒂在《知觉现象学》（*Phenomenology of Perception*）中 46
引入了身体—主体的概念。环境体验小组的观察表明，在具象的环境中，人们会使用更加通俗的哲学术语。在梅洛 – 庞蒂看来，哲学的中心问题是“我们经验中处于最中心位置的客体起源是什么”（1962：71）。他总结道，这个中心就是身体，特别是其作为智能主体的功能。梅洛 – 庞蒂的大部分工作是证明传统哲学及其衍生的各个流派忽视了人类经验中身体的中心角色，错误地表征着人性和人在世界上的位置。[1]

梅洛 – 庞蒂对认知理论家的批评是，他们将身体仅仅视作物理实体，并基于此认为意识由外在的因果关系作用着。梅洛－庞蒂认为："我的身体有其自身的世界，或者说我的身体理解它自己的世界，而无需使用我的'符号'或'客观化'功能。"（1962：140-141）身体的移动并不直接为意识的力量所引导，意识的力量就是"符号"和"客观化"功能。移动通过身体的智能和周围的世界相联结：

> 我的寓所对于我而言，并不是一系列密切相关的映像。它是我身边的环境，是我所熟悉的、可掌控的。在寓所的环境中，我可以掌控自己举手投足的距离。我的意识"脉络"让我可以掌控寓所的环境。（1962：130）

47 身体有着对于世界的理解，这个世界独立于任何密切相关的映像组合，认知理论家称这个组合为"认知地图"。当身体理解移动时，该移动就被习得了，该理解可以被描述为一系列无形但却能掌控身体和身体熟悉的世界之间关系的意识"线"。移动的过程符合小组成员的描述：手臂转动方向盘，双腿带动躯体去往想要到达的地方，双脚小心翼翼地在溪流中选择落脚的地方。身体内部有自身的力量，它发起并引导着移动。在下意识审视周边的世界之前，或许根本无需这样的审视，身体便能执行命令。

梅洛－庞蒂同样质疑行为主义者关于移动的概念，因为行为主义者将身体描述为非智能的，尽管他们采用的是有别于认知途径的方式。身体在它的世界里活动，它"并不是身体各个部分移动的复合体，每个部分都看不到自己。实际上，它们共同的移动构成一个整体"（Zaner，1971：153）。梅洛－庞蒂解释道：

> 身体某个器官的反应并不是初级移动的表面形式，而是内在一致的确定动作……器官的体验不是对某个确定的、已完成的移动的记录和固化。它源于本能，即对特定类型的情景常规的、多种方式的反应能力，这些反应有自身普通的含义。因此，反应并不是一连串事件，它们有着自身的“智能”。(Zaner，1971：154)

梅洛－庞蒂认为，身体是主动的，通过身体的活动，人们的需求有效地转化为行为。他对于认知理论和行为主义理论的批判如下：这些理论的假设基于两条对立的原因线索，即“身体在感知客体时，具有必然的被动性”(Zaner，1971：157-158)。

如果我们想有效地移动身体，以满足日常生活的需要，那么身体必须在其可控范围之内，即在身体依赖的习惯性行为范围内。如果没有身
体—主体结构，我们就需要不断地为每个移动做新的设计，必须关注自 48
己的每个动作。有了身体—主体，我们就能自动完成日常琐事了，从而能在日常的空间和环境中感到自由。我们不会觉得日常琐事需要劳神(如去某地，找某物，办某个简单的事情)，可以将创造性的注意力投向更宽阔、更重要的生活维度：

> 由主体预先建立的、稳定的环境蕴含着自由。这使得我们可以平衡传统上将自发性作为自由的唯一现实的、生存主义的强烈主张，这一主张将自由与稳定置于最激进的对立关系中……“如果一个人最完整的存在希望与世界互动，且控制这种互动，那么这个人的身体必须具有习惯，这是内在的必要性。”(Zaner，1967：67-68)[2]

一、身体—主体的习得

身体—主体通过行为来习得。多次完成同一个移动后，身体—主体会将这个移动合并到自己前反应的认知世界中，并熟悉这种移动。一名组员讲到，她搬家到伍斯特市某地，还不太熟悉那里。前几次出门，她总要费些气力来找路。过了几天，她就轻车熟路了，可以不假思索地往返（见附录 A 1.8.1）。第二名组员说，换了上课的教室后，他去了好几次新教室，才可以不假思考地走到那里，而不是走到原来的教室（见附录 A 1.3.2）。

身体的参与必须是活跃的。如果身体是被动的，那么移动行为就与身体的直接参与相分离，移动则不能被习得。例如，一名组员讲道，有一年夏天她从家到图书馆，总是搭乘公交，走相同的线路。后来当有朋友开车送她时，她发现自己不能为他指路（见附录 A 1.8.2）。如果身体—主体被动地去往目的地，那么就无法主动地完成行程，也不能习得线路。

身体—主体要通过不断重复习得，因此人们需要时间来熟悉自己所处的世界。在这个世界中，一个人可以找到自己。一旦建立了这样的熟悉感，身体—主体就会紧紧地把握它。然而人在创建新习惯时，会受到自身主动性的限制。我们看到小组成员在变换实体环境后，身体—主体会出现困惑。他们的描述很好地说明了这种局限。

49 一名组员发现，小吃店装修后他习惯性地走到了收银台以前的位置（见附录 A 1.3.1）。驾车左转的组员并未注意到当前行驶道路是单行路，并且只允许右转弯（见附录 A 1.3.3）。在这两个例子中，人已经习得的动作与身边的世界不匹配了，于是人在刹那间产生了困惑。

身体—主体依附于它所了解的移动。当一个人必须控制异于寻常的移动时，他会产生不同程度的情绪性痛苦。例如，我要求环境体验小组的成员们做一项试验，即当他们要去某地时，选一条与通常所走路线不同的路线。[3] 人们在考虑进行某种改变时，会感到极为烦恼和抵触："这个实验真难。"（见附录 A 1.4.2）"它让我觉得很不舒服。"（见附录 A 1.4.4）"我发现自己始终不愿意做这件事，并会自问'为什么要这么做？'不能走原来的那条路，我很不开心。"（见附录 A 1.4.5）"我一直拖着，不去做这项实验，因为我真的不想完成它。"（见附录 A 1.4.1）当一些组员没有沿通常所走路线去某地时，他们表达出相似的焦虑："我……发现自己有点郁闷和焦虑，不禁问自己：为什么这个人走'错'了路？"（见附录 A 1.5.1）有组员感到片刻的不快，因为"没有走我认为应该走的那条路"（见附录 A 1.5.3）。身体—主体本质上是保守的，喜欢遵循过去的模式移动。这个事实对于环境政策和设计有重要的应用意义。

同时，身体—主体有能力创造性地适应新的境况。例如，人们能很容易地从手动挡汽车过渡到自动挡汽车（见附录 A 1.10.1）。再如，人们会很快熟悉车体更大或者更小的汽车。这就是身体—主体适应能力的范例。例如：

> 我刚开始驾驶这辆较大的汽车时，会感到手生。我不知道车的侧面有多宽。我发现，过了些日子这种担心就消失了。我就这样驾驶着它，把它交给控制方向盘的双手。双手自然而然地知道该怎么做，驾驶变得容易起来。很快，这辆车给我的感觉就和我过去一直开的那辆车一样了。（见附录 A 1.10.2）

双手具有创造性的力量，能够恰当地判断新车车体的大小，并安全 50

地操作它穿过街道。然而，这种能力是有限的，要经过反复实践。这样的驾驶必然掺杂着之前驾驶行为的痕迹。例如，身体—主体不能迅速地适应从手动挡到自动挡，因为习惯所需要的改变太大。在新的移动形成新的综合体之前，驾驶者必须在新车上反复练习。

二、习得的行为主义阐释

重复对于行为主义者定义习得很重要。习得被定义为历经一段时间的试错之后，重复本已固定为习惯的特定姿势（Hillgard et al.，1974：189）。行为主义者解释了来自外部环境的、强化的反复（1974：189）。他们的绝大多数工作是尝试系统地研究这些强化变量的总的影响，以及强化延迟的影响。得到更多食物奖赏的老鼠会更快地了解迷宫吗？成功走出迷宫后，直接得到奖赏的老鼠会比延迟得到奖赏的老鼠学习得更快吗？（1974：89）

现象学家承认重复对身体习得很重要，他们将重复阐释为身体的一种积极努力。通过这样的努力，主体的力量得以延展。正如上面提到的驾驶的例子，这种身体的习得过程有助于人的适应，以使身体所处世界之变化显得不那么大。身体的习得不是一系列通过强化而建立的反应，它是身体通过动作而培养起来的理解。

梅洛－庞蒂对行为主义方法的批评与此相似。“学习并不是通过固化特定的姿势来应对特定的环境，而是要建立适应各种环境结构或本质的通用姿势。”（Zaner，1967：38）一个人的身体所熟知的环境对其他许多人而言是不熟悉的，“我们一次次积累的经验形成了通用的姿势，这不是简单的、可重复的姿势”（1967：39）。有了这些通用的姿势，身体—主体就能够让移动变得简单，如由手动挡适应自动挡；由开小型汽车到开大型汽车。以此类推，我们能够从纸笔书写转到黑板书写，登上从未涉足的阶梯，打开从未见过的领域的门闩。

“普遍化”是行为主义者的一个术语，表示人们适应新情况的能力，条件是新情况与人们熟悉的情况相似（Hillgard et al.，1974：194）。然而，由于有刺激—反应的假设，行为主义者认为普遍化的起因是刺激，类似于刺激起初激发了特定行为。在行为主义者看来，司机能够迅速从手动挡适应自动挡，是因为许多环境刺激是相同的，如油门和刹车的位置、方向盘的结构、挡位的次序。梅洛 – 庞蒂的观点是，普遍化的力量有赖于作为主体的身体。身体—主体建立了一种普遍化的姿势，并在一定程度上能够创造性地改变行为。

三、对习得的认知解读

认知理论家认为，习得是在某种情景下完成的。在特定情景下，主 51
体描述并接受特定的认知结构，目的是更好地与身边的世界相协调。与行为主义者不同，认知理论家认为个体在习得的过程中是主动的。哈特（Hart）和摩尔（Moore）说：习得时所处的“情景会将信息呈现给个体，个体随之改变自己。改变的途径是对情景做出反应，修正自己最初的尝试，并反思以前正确的做法”（Hart and Moore，1973；Hillgard and Bower，1966；Smith，1975）。为了能在操作上测得情景的习得，这些研究者长期研究地图绘制、语言表述或模拟模型（Stea and Blaut，

1973；Klett and Alpaugh，1976；Beck and Wood，1976a，1976b）。

然而，一个人的空间移动能力能否体现他对空间的认知表征？绘制地图和相似的实践能体现出一个人关于地理世界的认知，但或许并不能说明他具备通过这样的方式移动的真实能力。研究一个人过去绘制的地图和类似的数据，可能会精确描绘出这个人对他所熟悉的地理世界的认知在不断增长，但是并不能体现他的环境习得。只有习得才意味着人在这个世界中具有实际能力。认知和行为之间的因果联系是合理的，并且如果认知地图是真实现象，那么对移动的理解直接与人类的经验和行为相关。如果日常空间里的移动主要来自身体，那么认知和行为的关系就不太重要了，以这种关系为前提的大量研究或许就失去了保证其正确性的基础。

身体—主体只有通过行动才能证明主体的空间知识，而不能通过地图或访谈得到其地理知识，因为身体—主体的语言是姿态和移动，只有某一时刻的行为才能将它们“说明白”。正如本书所提到的，环境体验小组可以做的是审视关于环境和空间的第一手习得体验。想想如下情境：邮差熟悉新的邮寄路线，飞行员熟悉新的飞行模式，船夫自如地在陌生的河流中航行。人们可以从这些经验描述中发现潜在的经验模式，这些模式在许多新情景中也是一样的。有了这样的模式，新的移动就会被掌握，最终变得为人所熟悉。

52 许多关于空间认知的研究均基于皮亚杰的工作，其中很多是在研究“发展”，这里说的发展就是“在行为组织中质的改变”（Hart and Moore，1973：250）。皮亚杰认为，个体会经过不同的发展期，从而让自己关于世界的认知不断整合，且变得有序（Piaget and Inhelder，1956）。摩尔借用皮亚杰的理论，将人们对大尺度环境（如城市）的认知分为不同阶段。摩尔描述了三个阶段的认识发展（Moore，1974）：阶段一是以个人为中心的、分散的表征（学龄前）；阶段二是部分有组织的表征（儿童中期）；阶段三是综合的、有序的表征（青少年时期和成人期）。

这个阶段序列可能对理解认知上的环境知识发展有价值，但有人否认它与日常空间真实移动的习得有关，认为日常空间涉及身体—主体，与认知没有太大的关系。皮亚杰认为，身体—主体的发展有四个主要阶段。在讲到“感觉移动发展阶段”（从出生到两岁）时，他指出：“在这个阶段末期，儿童的行为可能会被认为是智能的。这种智能体现为尝试各种动作以及协调动作，并不包括内在表征。”（Hart and Moore，1973：260）这里聚焦到研究者们对认知的关注。那些借鉴皮亚杰的四个阶段说所做的空间行为研究，忽略了这样一种可能，即感觉智能在人的空间行为中一直扮演主要角色。身体—主体的概念再次确认了自身的重要性，尽管是以不同的解释形式。[5]

【注释】

[1] 关于梅洛－庞蒂著作的最好的综述，参见Kwant，1963；Barral，1965；Bannan，1967。关于梅洛－庞蒂哲学中对身体角色的深入评述，参见Zaner，1971。

[2] 除了现象学家，还有其他学者已经认识到身体作为主体的重要性。有关身体现象学著作的综述，参见Spickler（eds.），1970；Zaner，1971。有一个非现象学学者也强调身体的重要性，他就是波兰尼（Polanyi，1964，1966）。身体的形式和功能亦影响人对世界的体验，参见Straus，1966；Spickler（eds.），1970；Tuan，1974b，1977。

[3] 关于主题四，参见附录C，其中有更多实验细节。

[4] 附录A的1.4部分有对该实验的更多观察内容。

[5] 或许一个人能够以发展来诠释身体—主体，虽然这里没有讨论这种可能性。例如，一些人为什么比另一些人“方向感”更好？一个人的其他部分，特别是思考能力，是否能够干预身体—主体的流动性？动物的身体—主体发展到了什么程度？与人类相比是更高还是更低？身体—主体是否有助于解释为什么猫、狗等动物不会迷路，能离开家远行？

第六章

身体芭蕾和地方芭蕾

> 她一边聊着，一边除尘、扫地。这会儿，她已经做完了。接下来轮到她给植物浇水了，植物大概有十来株。浇完水，她要将植物挪到向阳或背阴的地方……“我记不清养了它们多少年了，反正年头不短。我了解每株植物的需求，每天在同一时间段侍弄它们。或许我没有必要花这么多精力照看它们，我知道多明戈一定会这么认为。只要他将这样的想法说出来，我就会提醒他，他也有自己的习惯。例如，没有人能够阻止他按照他的方式修整花园。他经常从花园的一角开始，一直整理到花园的另一端。多年前，我问他为什么不偶尔改变一下，从花园最远的一侧开始，这样可能会更快地完成工作。他回答：‘我没法儿那么做。’然后我告诉他，我可以解释为什么这样。习惯不是拐杖；习惯是我们为自己铺设的道路。当我们年迈之时，如果我们铺设得好，这条路就会一直延续下去，并使得生命剩余的时间有意义：我们会想去哪里就去哪里，无需迟疑，因为我们年轻时就这么做……”
>
> ——罗伯特·科尔斯（Coles，1973：28）

心理学家威廉·詹姆斯（William James）写道：“习惯是社会的巨 54
大飞轮，是社会最宝贵的、保守的能动者。”（James，1902：121）我认为，习惯的根源是身体—主体。有了身体—主体，我们的日常行为才会流畅自如。身体—主体是生命中平常事务的守护者。它的模式很难改变，原因有二。第一，在身体—主体掌握新的行为之前，新模式必须被重复多次。第二，改变可能会带来情绪压力。

身体—主体会容纳复杂的行为，这些行为会在许多时空中延伸，且分为两类，我称之为“身体芭蕾”和“时空惯例”。当其呈现给许多共享同一空间的人时，这些惯例会汇合创造出我所称的“地方芭蕾”。

一、身体芭蕾和时空惯例

55 身体芭蕾是一系列整合在一起的姿势和移动，用以完成特定的任务或目标。身体芭蕾时常成为体力技能或者艺术才能的整合。例如：洗碗碟、耕作、房屋修建、狩猎或制陶。一名组员在描述一位技工时说：“他的动作真是不可思议，一气呵成。他双手并用……准确地做着它们必须做的事。”（见附录 A 1.9.4）经营拖车冰激凌店也像是身体芭蕾。店主接订单、挖取冰激凌、交货、收银，所有这些动作都融在一个模式中，流畅地进行着。这很快成为惯例：

> 工作时，我会进入一种节奏：挖取冰激凌，找给顾客零钱。如果动作流畅，我就会感到舒服。我的店里大概有二十种口味的冰激凌。顾客只要下单，我的手就自动伸到正确的容器中，取到顾客所需的冰激凌，然后接过顾客的钱。多数时候，我没有必要思考自己在做什么，它已然成为惯例。（见附录 A 1.9.5）

通过训练和实践，基本的身体移动变为身体芭蕾。手脚和躯干的简单动作开始习惯特定的工作流程或动作流程，并引导它们自发地满足当下的需要。“流畅”和“韵律”这样的词语表明身体芭蕾是有机的、协调一体的，而不是步骤分解的、碎片化的。动作需要意识活动最小化，这就像冰激凌店的店主所说：“我没有必要思考自己在做什么，它已然成为惯例。”

与身体芭蕾类似，时空惯例是一系列习惯性的身体行为，这是靠长时期的实践而形成的。一个人一天中的大部分时段或许就是由这样的惯例组织起来的。一名组员说，除了周日，他每天早上都会按惯例行事。七点半起床，整理床铺，沐浴，穿衣。离开家后走到附近咖啡馆取一份报纸（必须是《纽约时报》），点一份炒鸡蛋，外加一杯咖啡（见附录 A 1.11.2）。另一名组员讲述了祖母的日常惯例：“她总是在固定的地点、固定的时间做固定的事。例如，她六点到九点在厨房干活，九点至十二点在前门廊做些针线活儿。”（见附录 A 1.11.1）第三名组员描述了她的兄弟在工作日的正餐惯例：

> 我兄弟在家就按照惯例行事。例如，他有一个晚餐惯例。六点 56
> 半刚过，他回到家，把公文包放在餐厅，上楼换衣服。然后，开始做饭：一份沙拉、一碗罐头馄饨或意式细面，外加一杯水。他说他不想每天换菜单。他会在七点新闻播放时坐在电视机前吃晚饭。（见附录 A 2.9.2）

许多行为（如沐浴、缝补、烹饪）都有时空惯例（并以自己的身体芭蕾形式存在），它们参与了一个由身体—主体指导的宽泛的模式。这些惯例不是由意识规划的，而是自然而然进行的。它们在日常生活中被视作理所当然的部分。正如经常七点半起床的组员描述的那样，他无需每天制定早间规划；现成的规划会自行展开，只要跟着做就行了。正如人们在换路行走时会产生困惑一样，惯例的改变也可能引起烦恼。他说："我喜欢这个流程。我注意到，当它的某部分被打乱时，我就会产生烦恼。例如，如果《纽约时报》已售罄，或者经常坐的位置被他人占用，我就不得不坐在吧台前愣一会儿。"（见附录 A 1.11.2）

"开展"一词很好地描述了时空惯例的特征：整体的、有机的性质。当一个人在日计划或周计划中建立起一系列时空惯例，那么，一天中的大部分时光至少能够随着计划和决定进行，也就是所谓"开展"一天的活动。一个人通常也会变得依赖这些惯例，如果干扰惯例中落座的位置、阅读的报纸或其他元素，就可能对他造成或大或小的压力。

随着时间推移，时空惯例自动适应活动，从而成为日常生活的一个必要方面。它们在我们的生活里延续着，让我们当下自动地去做我们过去做过的事情。时空惯例与身体芭蕾一起控制着习惯，重复着生活的各个方面。它们解放了意识的注意力，方便我们去做更多有意义的事情。此外，时空惯例不易被打破或改变，因为人们会随着它们成长，忘记生活还可以是另外一番模样。从这个意义上讲，时空惯例是一种保守的力量，在面对有益的改变或进程时，它们会变成不容小觑的障碍。

二、地方芭蕾

身体芭蕾和时空惯例在一个支持性的实体环境中融合，创造出地方芭蕾。许多时空惯例和根植于空间的身体芭蕾是交互作用的。地方芭蕾能在所有环境中发生，如室内、室外、街道、邻里区、市场、车站和咖啡馆。地方芭蕾的基石是持续的人类活动和暂时的延续性。地方芭蕾形成了强烈的甚至深刻的地方感，对规划和设计有应用价值。

熟悉感是从惯例而来的，它是地方芭蕾的一个重要方面。一名小组 57
成员在街角的便利店工作，她认识许多顾客，因为他们来店时各有自己的规律。她说：“我很喜欢那里，在那里能看到我认识的人，帮我打发时间。我总有可聊天的人。”（见附录 A 1.12.1）一位街角咖啡馆的常客颇有同感：

> 许多人彼此认识。店主认识每位常客，知道他们想点什么。这种了解其他人的情境，如知道谁要坐在哪里，认出可以打招呼的面孔，使这里成为暖心的地方。它营造了一种氛围。如果每天都是新面孔进来，这种氛围就不会存在了。（见附录 A 1.12.2）

在地方芭蕾中，不同人的惯例会在时空中有规律地相遇。这种规律性是无意识的，是随着时间的流逝，多次偶然相遇而慢慢形成的结果。原本互不相识的人成为点头之交，甚至朋友，至少他们会认出彼此。参与者通常都喜欢这种彼此熟悉的氛围。这种氛围不断增强，成为他们依恋的对象。地方芭蕾的基础是身体—主体，支持以过去的模式为基础的时空连续性。

三、更广义的环境

身体芭蕾、时空惯例和地方芭蕾的概念对于行为主义地理学非常有价值，因为它们将人与环境的时空联系在一起。虽然以上的例子有限，并且有文化限制，但是它们潜在的经验模式超越了特定的社会背景和历史背景。它们存在于所有人类环境中，不论是过去还是现在，不论是西方还是非西方。17 世纪，密歇根湖西北岸有一个印第安部落，住着梅诺米尼人（Menomini）。他们每天典型的生活场景是：

> 拂晓，女人们起床，取水，生火或是再生火，在男人们起床前准备好早餐。每天有两顿常规饮食，早餐是第一顿。男人们和大孩子们出去打猎和捕鱼……女人们则在家里或家附近劳作，在地里干农活儿，加工食物，收集皮毛和芦苇，采集可食用的根和浆果，制衣，编织垫子，照顾婴儿和幼童。（Hockett，1973：13–14）

58 时空惯例和身体芭蕾是这种典型的日常模式的基础；人的各种活动的顺序在很大程度上是习惯性的，没有什么预先的规划。女人们的活动是扩展的时空惯例，包含着许多个体的身体芭蕾，如取水、生火、种植作物和编织。每项活动都需要特定的姿势和移动相结合，以准确地掌控手中的材料，生产出希望获得的艺术品。例如，编织技能是双手的知识。这种技能是她们以前学会的适当的顺序和节奏，现在可以快捷且自动地完成工作。

在梅诺米尼人“开展”的一天中，有一系列地方芭蕾。女人们取水时会在溪边碰面，聊天。这个地方不仅是水源地，也是“社区互动”的地点。取水具有时空规律性，女人们每天早上都会重复这种聊天场景。这种潜在的地方芭蕾结构和简・雅各布斯（Jane Jacobs）所描述的她生活过的格林威治村的现代街区没有什么不同。请注意，雅各布斯也称其为“芭蕾”[1]：

> 我所生活的哈德逊街，每天人行道上都展现出形形色色的街边芭蕾。我每天第一次出门是早上八点刚过。我是去倒垃圾的，这的确是极为单调的事，但是我却从中享受着喜欢的东西，那就是垃圾箱关上时“当”的一声响。这时，成群的初中生走过空场的中央，丢下一些糖纸……我把糖纸打扫干净，看到清晨的另一幅日常景象：哈尔佩特先生打开洗衣房手推车的锁，把它推到地下室的门口；乔－科尔纳基亚的女婿在熟食店外码放空的板条箱；理发师搬出他的折叠椅；戈尔斯坦先生一边卷着电线线圈，一边告诉大家他的五金店开门了；物业总监的太太把她三岁的矮矮胖胖的儿子和他的曼陀铃放在门廊，因为那里是让孩子学英语的好地方，而这位太太并不会讲英语。这时，圣卢克小学的孩子们运着篮球向西跑去，第四十一公立学校的孩子们则去往东边。(1961：52-53)

尽管表面上各个地方截然不同，但是在哈德逊街、梅诺米尼人的村 59
子和街角的咖啡馆，一些基本经验过程是相似的。人们在某个时空点汇聚，每个个体都进行着自身的时空惯例和身体芭蕾。人们熟识彼此，一起交谈。活动空间呈现了一种地方感，即每个人都在创新和保持着自己那部分。这些地方不仅仅是被人们经过的区位和空间。每个人都带有一种动力，这种动力是自然而然地产生的，不受干预。

地方芭蕾展现了这样一种特性，即雷尔夫定义的“存在的内向性”。在这样的情境中，“一个地方在没有经过深思熟虑和自觉反思的情况下，仍会被经历，且具有重要意义”。“人们认识那个地方和那里的人，也在那里被认识、被接纳。”在地方芭蕾中，空间通过人际间的时空共享变成了地方。人体的各个部分都参与创造一个更大的地方整体。通常，整体的意义是通过日复一日的见面以及内隐的参与感来间接表达的。只有在受到变化和解构的威胁时，地方芭蕾才会变为外显和关注的对象。例如，高速公路计划通过邻里区；因人流拥挤，邻里区的人行道要被拓宽。在这样一些时刻，地方忠诚可能就显现出来，并强烈到足以拒绝变化带来的威胁。

【注释】

[1] 这里引用了雅各布斯《美国大城市的死与生》（*The Death and Life of Great American Cities*，1961）的描述。尽管人们并不认为该书是现象学著作，但是很明显，它是关于城市生活世界的研究。有许多研究是在其他环境中寻找雅各布斯发现的情形。它们多数讲述的是环境体验和实体设计之间的关系。行为主义地理学者在研究中并未足够重视雅各布斯的著作。本书会对雅各布斯进行更多的讨论。

第七章

环境理论和环境设计的含义

> 两个月前，纽约市最繁忙的十大地铁站的闸机，从原来的投代币，转变为投两角五分币。这一转变引起了一片混乱，每日有数百名乘客错投代币，而后要求地铁方退款。虽然在每个闸机旁边都有代币退还槽，但是待困惑的乘客弄明白的时候，他们常常已经错过了出行的最佳时间段。
>
> ——《纽约时报》（1978 年 4 月 27 日）

为了研究一个典型的生存居住的空间和环境，即现象学家有时所说的他所居住的空间，我们必须认识到该空间首先是基于身体的（Bollnow，1967）。由于身体—主体，我一般会了解自己与熟悉的物体的位置关系，以及与环境的关系。正如理查德·扎内尔（Richard Zaner）所述："有必要构想一个居住空间，它依据有形的计划构成和组织，通过特定情境中身体的移动和行为构建自身。"（Zaner，1971：166） 60

阐明居住空间的身体维度，可提供特定生活方式中的稳定力量。人们如果了解特定地方的前反思力如何继续使它成为过去的样子，那么就可以更好地想象特定的环境或社会变化会对稳定性有什么影响。例如，如果一条街道是单向的，其身体芭蕾、时空惯例和地方芭蕾是会被促进，还是会被妨碍？工厂上班时间的变化会影响周围地区的地方芭蕾吗？

想想纽约市地铁站闸机改变的例子。据《纽约时报》，市交通管理局的一位官员说，改变闸机的目的是提高转运服务效率。“我们原本以为这可以让交通更顺畅，更方便人们乘地铁。”然而适得其反，这一改变增加了人们排队的时间，因为投了代币的乘客当下就要求退款。一个代币销售员说：“人们其实没有注意阅读提示牌。一些人投放了代币，然后就从闸机转门下面钻了过去；还有一些人找到我这里。我做代币销售员有 7 年了，这是我度过的最糟糕的一周。”

61 在这个例子中，一个简单的身体芭蕾瞬间与身边的世界产生错位。乘客会习惯性地投放代币，看提示牌上的文字并不是他们惯例的一部分。然而，“确实变了，只能投两角五分币，而不是代币了”。当然，随着时间的流逝，人们会适应这种改变，地铁服务会得以改善。问题的关键在于，官员们并未意识到可能因这个改变而产生的混乱。他们认为自己在很谨慎地启动新闸机的运行，事先已经通过大喇叭进行宣传并发布告示了。

第二个例子付出的代价更高。洛杉矶发布新规，规定圣莫妮卡高速公路双向各一条车道只允许公共汽车和“多人合乘”小汽车使用，试图以此减轻污染和交通拥堵（Lindsey，1976）。表面上看，这项新规似乎很合理。市民已意识到雾霾和交通堵塞的问题，他们会欣然改变原来的通勤惯例，转用更高效的交通方式。但实际上，改变并未如愿发生，新规受到抨击。经过 5 个月的合法斗争，联邦法院命令加州政府将公路双向的两条道还给“一人一车”的通勤者（1976：26）。

习惯性行为可以压倒看似值得的、有效的和符合逻辑的项目。如果洛杉矶的官员们了解惯性，他们可能会更好地预见该规定的后果，从而修改或者驳回。他们从一开始就应该意识到，人们的通勤惯例或许很容易引发混乱。实际结果是，金钱和其他资源被浪费在失败的项目上了。那些花费了体力和心力来做出改变的人，如今被迫再次改变通勤行为。若了解生活空间的身体层面，或许就会提出与通勤者的情绪更加协调的预案，使之具有应付这种改变的能力。

社区搬迁或许是最无所顾忌的、代价最大的、忽略惯例和身体稳定性的例子。搬迁的居民除了与被认为理所当然的社会世界割裂外，还被从曾经是无可争议的身体的生活空间中拽出来。虽然一些人会比其他人适应得更好，但是总体而言，人们可以接受马克·弗里德（Marc Fried）总结的搬迁之影响。他归纳了波士顿西区居民流离失所的经验：

> 失去地方会带来惯常的破碎、关系的破碎以及期望的破碎。它 62
> 通常意味着物质上可得的客体世界，以及空间导向性的行为世界已然变化了。就连续性意义而言，失去地方是一种扰动。连续性通常是一个理所当然的框架，运行在时空变化维度的、社会维度的和空间维度的世界中。从这个角度来看，一个重要的地方的遗失，表明潜在意义上的、连续性经验中的重要构件改变了。（1972：252）

一、选择的自由和认知的偏见

当代行为地理学的一大弱点是过分强调认知，排斥其他经验层次。如果把人比喻为电脑，在认知上，人的确可以理性地评估所有行为。沙里宁（Thomas F. Saarinen）写道：“人可以被视为决策者”，其行为被视为他对真实世界的印象产生作用的结果，而“他自己则是一个复杂的信息处理系统”（1974：252）。

选择的自由是认知模型的错误假设。人们可以积极地控制行为，并欣然适应变化。人的决定、偏好、计划和渴望均是其行为的基础。所为即所思。认知是环境行为和经验的重要维度，但是它必须通过习惯和惯例来平衡。衡量身体惯性和认知因素的方式，有助于行为学研究者更好地描述稳定与改变之间的冲突程度。这种方式将为预测影响人们生活方式的计划及政策能否成功提供更好的基础。

惯例对于我们的生活很重要，可以释放出从日常生活的平凡需求中产生的意识和创造力。认知是重要的，因为它实施新的行为，并使习惯性行为适应不断变化的需求和不断变化的环境。在大多数情况下，认知是一种创造力，人们通过它能够完成过去没做过的事情。人们可以想象自己的生活与众不同，并努力使其成真。

自由起于限制。然而，我们必须明白，单凭认知不会产生自由。想要与众不同，或是决定做不同凡响的事情，并不一定会产生改变。我可以决定每天早起一小时，或循着不同的路线驾车上班，但我的决定并不必然导致实际的行为。

63 除了身体—主体和认知外，似乎还有第三个要素，或可被称作愿望或者需求。它最终决定一个人能否克服生活的惯性。认知为我们提供了想象新模式的能力，但是第三要素的相对强度决定了想象能否成为现实。下面，我们来看看康拉德·劳伦兹（Konrad Lorenz）[①] 的观察：

> 有一次，我突然意识到，我在维也纳驾车时，经常在驶入和驶出城市中的某个地方时走不同的路线，而当时并没有单行线迫使我这样做。为了反抗我内部的习惯，我尝试着将习惯性的往

① 康拉德·劳伦兹，奥地利动物学家，亦译“洛伦兹”。——译者注

返线路颠倒一下。实验的惊人结果是，我产生了不可否认的焦虑感，极为不快，以至于我在返程时，又回到了习惯的路线上。（1966：68）

身体—主体（习惯性路线）和认知（劳伦兹对于习惯性路线的认识）在这个经验中均得以呈现。然而，劳伦兹改变的需求很弱，因此他又转回到习惯的路线上。假设劳伦兹决定改变路线，原因是他要找寻一条不太拥堵或景色如画的街道，在这样的情境中，改变的愿望或许会变强，不同的行为就有可能发生。仅凭认知并不能改变行动。我们需要对体验过程进行彻底的现象学研究，从而克服惯例，改变行为。

二、地方芭蕾的角色

地方芭蕾在时空动态中将人和地方联系在一起，因此对于环境规划和政策而言，它是一个有用的概念。在现代西方社会中，有一个趋势是将时间和地方分割为独立的单元：住宅区和购物区彼此分离，社区被高速公路隔开，工作区与娱乐区分开（Toffler，1970；de Grazia，1972；Boorstin，1973）。同时，社会批评家谈到了不断加强的人际疏离和社区衰落（Josephson，1962；Roszak，1969，1973；Slater，1970；Samuels，1971）。例如，菲利普·斯莱特（Philip Slater）认为，社区居民“希望与他人在一个可看见的集体实体中，以信任和友善合作生活”。他认为，社群生活是人类的基本愿望，但这种愿望如今已被“不同寻常的方式毁掉了”（1970：5）。结果就是不适感和沮丧感的增长，还可能导致严峻的社会危机。

64 雷尔夫使用“地方”和“无地方性”来描述社区的碎片化（Relph，1976b）。按照他的定义，地方是“人文和自然秩序的融合。在我们关于世界的直接经验中，它是核心”（1976b：141）。相反，无地方性是“由于人们对地方的重要性不敏感，导致具有独特性的地方被消灭，并制造出标准化的景观”。雷尔夫认为，无地方性源于媚俗，即对大众价值或技术不加批判地接纳，过度关注效率，并将效率作为终极目标。大众传播、大众文化和中央权威等充分体现出这两种力量的整体影响。这种影响破坏了地方对于个人和文化的重要性，以隐去个性特征的空间和可互换的环境，随意地替换了世界上多样的、重要的地方（1976b：143）。

倘若社区和地方是令人满意的日常生活必不可少的部分，那么对环境行为感兴趣的研究者，就可以很好地阐述它们在空间和环境方面的含义。地方芭蕾与这个问题有很大关系，因为它将人们聚集在物理实体中，有助于建立斯莱特所言的“有形的共同实体”。此外，它促进了人际熟悉度，这种熟悉正是斯莱特所说的“因伙伴信任而友好合作”的来源之一。雅各布斯论证了这点，她描述了“公众尊重和信任之网”是如何在社区的地方芭蕾无意识的、面对面的相遇中形成的：

> 城市街道的信任是在很长的时间里，在许许多多公共的人行道上，由人与人的接触形成的。它产生于人走到酒吧时停下来，进去喝点啤酒；听取杂货店老板的建议；向新闻记者道出自己的观点；比较面包店不同顾客的观点；向两个在门廊里喝酒的男孩点头打招呼。（1961：56）

65 雅各布斯认为，地方芭蕾是成功城市的核心。她相信，城市拥有勃勃生机的关键在于那些与城市密切相关的活动：土地利用多样，在社会和经济上相互支持，并把人们吸引到街道上。规划师奥斯卡·纽曼（Oscar Newman）提出“可防御空间”（defensible space）的概念，与雅各布斯的观点相似：“一个充满生气的居住环境，应该因其生活质量水平高而受居民青睐，同时能保障其家人、邻居和朋友的安全。”（1973：3）纽曼认为，可防御空间更有可能出现在居民相互熟识的环境中。他指出，人们无意间进行的交流，对于增进彼此的熟悉度十分重要。和雅各布斯一样，纽曼认为实体规划能够增强或减弱人对地方和社区的感受。他论证了街道模式、门廊设计、物理实体障碍和环境的其他特征是如何促进地方芭蕾的。

地方芭蕾并不是地方经验唯一的组成部分。有时，人们希望独处，或与亲密的人待在一起，从地方芭蕾所属的公众世界中抽身。此外，地方芭蕾无疑有不切实际的或者说消极的影响，特别是在当今时代，社会和身体都处于流动中。地方芭蕾会滋生地方主义吗？它是否只适合以步行为主要移动形式的时代？是否有人认为，地方芭蕾是令人不悦且笨拙的？向社会上层流动的、专业的人士的接触范围通常不是扎根于某个空间，那么地方芭蕾对于他们还有价值吗？

虽然上述问题尚无答案，但是它们的确说明地方芭蕾是地方体验的必要部分。如若缺乏地方体验，人类生活的意义将会减少。在某些时候，为了逃避孤独，关注人群，感受成为更大的人类整体的一部分，让自己超越有限的世界，进而吸收“地方”的氛围，感受“更多的生机”，我们所有人都会寻求地方芭蕾。与此同时，地方独特性的发展步履蹒跚，这也意味着地方芭蕾在消失。雷尔夫写道：“现在的趋势是发展没有意义的环境，即没有地方特色的地理、单调的景观、无意义的建筑模式。”（1976：117）

对于行为主义地理学家和其他关注地方和环境的人而言，地方芭蕾是一种现象，值得在它存在的地方得到保存。地方芭蕾值得发展的地方是那些现在空旷的、没有生机的，但通过变化或许会容纳它们的区域。本书接下来会进一步讨论地方芭蕾，包括环境设计和政策如何促进或阻碍其发展。然而，首先我们要探索的是日常环境经验的其他维度。人并不总是移动的，在或短或长的时间段里，人和世界上的事物都相对固定在空间中和地方上。这种固定的情况就是静止，它是本书第三部分的主题。

第三部分

地理世界中的静止

所有真正有人居住的空间都具有家这一概念之精髓。

——加斯东·巴什拉（Bachelard，1958：5）

第八章

在家性和领地性

> 帽贝[1]会在身体被浸润或者礁石还潮湿的时候爬行和觅食。在两次潮汐的间隙，它们紧紧地吸附在礁石上，以防风干或被陆栖动物捕食。许多帽贝觅食漂移后会返回礁石的某个特殊位置。这个位置是被侵蚀而成的小坑，刚好能让帽贝藏身其中。自从亚里士多德首次记录这种“归巢本能”以来，该现象被广为研究。尽管如此，人们依然未弄清其精确性的机理、归巢能力的物理基础，以及与之相关的帽贝的器官和知觉。
>
> ——B. H. 麦康纳（McConnaughey，1974：263-264）

静止与移动一样，在自然进程中起着不可或缺的作用。岩石和土壤 69
之类的无机形式是静止的，始终相对固定。植物是固定的，它生长得繁茂与否，很大程度上取决于生长地点的条件。对于移动的有机体（包括人类）来说，静止至关重要，因为它提供了一段不活跃的、安静的时期，在此期间，耗损的机体得以修复，消耗的能量得以重新蓄积。

地理学通常被定义为研究地球表层空间分布的学科。在地理学中，静止是一种基本的现象。事物和人造物位置的固定，是地域分布研究的

① 帽贝，一种单壳软体动物，壳通常是扁平的锥体，长 2.5~5 厘米。涨潮时帽贝可吸附在岩石上。——译者注

基础。过去，地理学家最关注物质（有形的）现象的空间位置关系，如人口分布、城市区位和自然资源的地域分布模式。

近年来，行为主义地理学开始研究静止，因为静止对个人和群体都具有意义。通常，此类研究的指南是“领地性”（territoriality）理论。该理论认为，可以用分布的地域范围区分不同动物、个人和群体。人或动物有自己要捍卫的各种领地。[1] 这类工作为人们理解地方、领地与人类的关系做出了很大贡献。本书的发现呼应了领地性研究，也探究了地方的其他性质，这些性质将静止的地方维度置于更广泛的经验结构中。

70 静止是指同某人相关的人或物，在或长或短的时间里相对固着于某地方或某空间的情境。环境体验小组的成员描述了他们在诸如城市、社区、房子和房间等不同地方的静止经历，叙述了利用地方的规律性，以及对地方的情感依附。

我认为，静止的基本体验结构是在家性。它通常指在未被理性察觉而被认为理所当然的日常世界中，人们获得的舒适且熟悉的体验。它既可能出现在家里，也可能出现在家外，如“访问某地”“途经某地”“不在家”“离开家乡”或“旅行到某地”。住所通常是在家性的空间中心。一个感觉“在家”的人，会将日常物品摆放在理所应当的位置上，这可以使他除了有一个住所，还有一个熟悉且舒适的地理世界。在这样的地理世界中，与其说在家性的特定实体范围和界线范围是值得关注的体验结构，倒不如说它们使在家性成为可能。本书的目的是确定在家性的主要特征。倘若在家性不是人与地方之间关系的必要因素，那么它就无法在特定的、具体的环境中体现出来，无论是房屋、城市街道还是其他地方。

一、作为领地的地方

人、动物与空间的关系是基于侵略、防御的，这是领地性的关键假设。[2] 杰拉德·萨特尔斯（Gerald Suttles）写道：

> 许多领地研究所围绕的中心主题是领地与防御的联系。人类与许多其他动物一样，在自身领地之外拼杀和攫取。同一领地的成员之间也有许多自我牺牲的忠诚，以及非功利主义的交换。（1972：140）

领地性研究主要从恐惧、保卫、宽容和保留来定义人们对地方和空间的依恋。例如，我们可以看看爱德华·苏贾（Edward Soja）① 对于领土性的定义，注意他所强调的界线和特殊性：

> 领地性……是一种行为现象，它与空间组织形成的势力范围或明确划定的领地相关联，领地的占有者或定义者认为，领地具有排他性，至少部分地排他。领地性最显著的地理表现是其空间关系有可识别模式，这使得某些活动在特定区域内受到限制，并且某些个人被排除在领地的个体的或群体的空间之外。（1971：19）

领地性已被应用于各种尺度下的人类空间行为分析，包括个人的 71
（Sommer，1969）、城市的（Suttles，1968）、区域的（Soja，1971）和国家的（Gottman，1973）。研究的主要目的是了解个人和群体的领

① 爱德华·苏贾，美国后现代主义地理学代表人物，也常译作索加、索哈、索亚、索杰等。——译者注

地冲动与占用空间和地方之间的联系。正如行为主义者和认知理论家那样，研究领地性的学者几乎不会想到他们的研究方法可能不完善，或存在过于简化的可能性。他们普遍认为，领地性是进行地理行为实证研究的公理。

二、领地性的延伸

我认识到在家性与领地相关。人在被侵略时会产生家的意识，但侵略只是促成在家性意识的因素之一。对于人而言，家除了作为可防御的、可维护的地方外，还是创造和关怀之地。在家的人更有可能过上舒适生活，更有可能自我发展和成长。在家性是个人和社会力量发展的首要根基，可能在社区发展中发挥重要作用。对于地理和其他环境学科而言，在家性对生活至关重要，因为人们会“静止”在地表一个特定的地方，一直在那里生活。这种生活经验与在家性紧密相连。

环境体验小组的报告显示，根植、支配、再生、舒适和温暖的体验构成了在家性。另外，小组成员还探讨了两个广义的构成元素：第一个是身体—主体的习惯性和稳定力；第二个是经验的情绪层面，我称其为“情感—主体”。有在家性的地方可以使身体获得力量。情感以多种方式交织在一起，像隐形的线那样将一个人连接到他称之为“家”的世界的各个地方。当个体以某些方式改变了这些连接，这些稳定的力量就会带来压力，让人产生烦恼、敌意、困惑、思乡等一系列情绪反应。

【注释】

[1]Ardrey，1966；Lorenz，1966；Hall，1966；Morris，1967；Suttles，1968；Boal，1969；Metton，1969；Sommer，1969；Pastalan and Carson（eds.），1970；Boal，1971；Buttimer，1972；Suttles，1972；Gottman，1973；Newman，1973；Ley and Cybriwsky，1974；Vine，1975；Scheflin，1976。两个特别的关于领地性的叙述参见 Soja，1971；Malmberg，1979。

[2] 大量关于领域或领地的文献聚焦在一个极具争议的问题上：对于人类来说，领地性是生物学条件下的现象，还是文化条件下的现象？有学者认为，领地性对动物和人来说是一种自然的本能，参见 Lorenz，1966；Ardrey，1966；Morris，1967。有学者反对生物决定论，指出尽管人有可能表现出领地本能，但是人依据个体发现的、自己的文化，也许并不会表现出来，参见阿拉尔德的著作（Allard，1972）。他写道："虽然行为体系所体现的类型必须符合人类的生物能力，但是生物能力过于宽泛，仅凭它无法揭示我们所经历的选择过程是什么样的真实系统。"（1972：13）对生物决定论的批判，还可参见 Callan，1970；Soja，1971。

第九章

事物的中心和地方、情感—主体的概念

> 有一天散步时，我发现不远处有一片小树林，生长着二三十棵树……这片林子所在的山丘同周围的山丘不同。之后的一段时间，我每天中午都去那里午休。我从未问自己：为什么选在那里坐一会儿，而不是坐在其他地方？别处其实有大片树木和灌丛。我从没有思考过，这只是无意识的行动。过后我才发现，自从在那里坐过一次之后，之所以每一次我都希望再去那里休息，其实与那里的树丛留给我的印象有关……在很短的时间内，我就形成了类似动物的归巢习性，反复到相同的地点休憩。
>
> ——W. H. 哈德逊（转引自 James，1958：167-168）

不论我们走到哪里，即便在很短的时间内，我们都可以建立起地 73
方，并根据我们的世界和空间活动进行定位。这些中心能让个体辨识出空间和地方，因为个体将自己放在了一个可以找到自己的环境之中。例如，几位环境体验小组的成员发现，他们每到一个从未去过的城市，落脚的地点立即会成为中心。一名组员说：“我住在朋友家，依据他的房子，我能很快找到自己的位置，来去自如。”（见附录 A 2.1.2）另一名组员到陌生城市时，第一天就发现，自己能不假思考地返回暂住的地方。他说：“我乘坐公交车返回公寓，但在这么做的时候并没有思考。我原本可以去做其他什么事情，但我却径直返回了那里。”（见附录 A 2.1.1）

人们在进行短途旅行时也会建立中心。例如，汽车成为一个人在购物途中的临时中心。一名小组成员说：“我注意到，我的汽车会成为我空间定位的焦点。”（见附录 A 2.1.4）她会记好停车的位置，以此规划购物方向。即使在路边的摊位上或交通枢纽简单办点事，人们也倾向于
74 建立一个中心，并根据这个中心来定位：

> 当停在路边吃午餐并稍做休息，你会选一个地方坐下来。然后，你通常会围绕那个地方度过闲余的时间。或者，你需要在长途汽车站等几个小时，你起身去买糖果，或去卫生间，或随处走走，之后很有可能回到同一个座位。（见附录 A 2.1.3）

特定的设施和设备，如座椅、书桌、餐桌和床会成为室内空间的中心。“我的家人总会坐在餐桌旁各自的位子上。”（见附录 A 2.13.1）“在房间里时，桌子和我从救世军那里带回来的摇椅是我通常待的两个地方。”（见附录 A 2.13.4）“在学校，我最喜欢的地方是我的课桌，它似乎是我做任何事情的中心。”（见附录 A 2.14.8）除了室内空间之外，在更大的地方，如办公室、公园、商店、餐饮场所和其他活动地点，如果人们频频前往，它们就会变成中心。例如，经常去散步的公园（见附录 A 2.14.5），或者常去买面包的面包店（见附录 A 2.14.4）。这些地方可能与使用的规律性有关，因此也与时空惯例、身体芭蕾和地方芭蕾相关（见附录 A 2.14.1—2.14.8）。

一、地方之于事物

人们除了为自身建立中心外，还为事物建立场所，让客体与特定的位置相关联。通过这么做，人们让生活空间变得井井有条。例如，在服装的空间尺度上，人们会在不同的口袋放不同的物品。一名组员说："我总会在右口袋里放零钱、钥匙和笔，在左口袋里放纸巾。"（见附录 A 2.16.2）另一名组员说："在我的背包里，特定的东西放特定的地方。我在前面的小口袋里放铅笔和钢笔，在里面带拉链的口袋里放钥匙。"（见附录 A 2.16.3）

同样，架子、抽屉、橱柜和壁柜提供了存放物品的地方，并营造出海德格尔所称的"区域"（1962：136）。换言之，就是使地方具有理所应当的整体性。通过这种整体性，人在完成某个任务或从事某个职业时，可以快速知道不同的事物和器具放在哪里。海德格尔说，区域通常具有"看上去不起眼的熟悉性"，只有在人们找不到东西时才会引起注意（1962：137-138）。一名小组成员很好地描述了这种不起眼的熟悉性，他意识到厨房空间存在着理所当然的秩序： 75

> 由于参加了这个小组，我开始更有意识地认识到，厨房是对我很重要的地方。在厨房，我用的所有东西都有确定的位置，包括调料架上的调料。准备做饭时，我能迅速拿到配料和器皿，根本无需思考。一切准备就绪，随时等我来用。（见附录 A 2.17.2）

在室外环境中，人们不会频繁改变东西的摆放地点。大多数室外物品都被固定在适当的位置上，不会轻易移动。然而，一些人最初在某个时间点必须决定将东西放置在哪些特定的位置上，如种植树木，建造喷泉、车库或其他设施。决定这类位置的过程通常需要很长时间，这对个人或家庭而言是一件重要的事情。一名组员描述了一场关于工具箱放在哪里的家庭讨论（见附录 A 2.22.1），另一名组员则描述了关于在哪里种植树木的类似争论（见附录 A 2.22.2）。

对于汽车等可移动的大型物体而言，位置也非常重要。数名组员的报告说，他们会把汽车有规律地停在某个地方。一名组员描述了没有停车位的烦恼，并感觉“损失”了什么。

> 上个学期，有几次我竟然忘了自己把车停到了哪里。我停车时发现一个停车位，看上去挺方便，就将车停在了那里。然而，我去取车时竟不记得把车停在哪里了。找车时我意识到自己开始思考：“今天早上我在哪里停车了？那里应该是最明智的停车地点。”但是，这个逻辑方式通常不会奏效，我只能四下张望，又好笑又懊恼。后来为方便起见，我租了一个停车位。（见附录 A 2.21.2）

二、情感—主体的概念

因没有把车停在恰当的地方而烦恼，这体现出人们在地方和空间体验中的情感维度。第五章讨论过这种情感关系。其中，有小组成员谈到了对移动或惯例改变的抵触情绪。本章把这种情感维度作为一种现象，探讨它与在家性的关系及其重要性。

76 依恋感是人与地方之间情感联系的一种体现。人们会说起他们与地方的联系，这些地方一定在过去或现在对他们很重要（见附录 A 2.14）。同样，有具体事情或事物的地方促成了人们的依恋感；倘若这个地方长期存在，那就更是如此（见附录 A 2.20、2.21）。依恋感有时被描述为吸引力：地方似乎会吸引使用者。一名组员经常逛工艺品店，她说："那里像有磁力，吸引着我过去。"（见附录 A 2.14.3）另一名组员说，她和室友在公寓使用厨房的频率很高，出去一会儿就会被吸引回来（见附录 A 2.13.8）。对地方的依恋还可以用"接近"来描述，即使用者感觉自己与喜欢的地方离得很近。一名组员说："我觉得离公园很近。"他经常一个人去那里坐着（见附录 A 2.14.5）。还有组员经常去一家面包店买面包，觉得那家面包店"似乎离我很近"（见附录 A 2.14.4）。

对地方的依恋不仅与积极情绪相关，也与一系列消极情绪有关，其中包括焦虑和烦恼。最常见的消极情绪往往源于一个地方出于某种原因发生了变化。例如，餐桌在打扫卫生后位置稍微移动了，家人就餐时会感到不舒服，一定要起身将桌子移回原来的位置（见附录 A 2.18.2）。一名组员在介绍为何决定不改变家具位置时说，她想要保持现状（见附录 A 2.20.1）。另一名使用打字机的组员说，由于打字机的摆放位置与平时不一样，他"感到不舒服，然后就把它的位置调了回来"（见附录 A 2.18.3）。还有一名组员懊恼的原因是校园里一家小吃店搬家了，去新的地点得走很长的距离。

> 自从他们把小吃店搬到新地址，我每次去那儿都感到不适应。似乎步行去新地方总有些别扭。因为我习惯去原来的地址，所以有时还是会往那里走，我也觉得很奇怪。我会花些时间适应这个变化的。（见附录 A 2.15.2）

与地方依恋相关的经验层面被我称为"情感—主体"。情感—主体是一个人内在的情绪意图矩阵，它以不同的强度延伸到日常地理世界的中心、地方和空间。[1] 情感—主体通过两种方式发挥作用：对使用得很好的中心和地方持正向态度；对以某种方式改变的中心和地方表达出负
77 面态度。情感—主体像身体—主体一样，储存了一种智能的针对性。但在某种意义上它们是不同的，情感—主体来自人的情感而非身体。情感—主体与身体—主体是相互结合的，它是我们体验地理世界中日常关系的能力。虽然使用的语言不同于认知和逻辑思维，但情感—主体的表达与对应的身体—主体一样，可以明智而统一地行动。从逻辑上讲，人们对中心或地方的情感看似不协调，或很愚笨，然而正如老话所讲，“心有它自己的思想”，它通过内部一致的行动方式与地方和空间保持着情感纽带（见附录 A 2.3.2、2.3.3）。

这里并不尝试探究情感—主体的确切性质，因为目前的小组观察还不够细致或者精确。但是很明显，情感—主体建立了和世界其他部分的联系，即社会的、经济的、人际的联系。对人、艺术和神的爱，责任感，对偏见的厌恶，所有这些体验在情感—主体维度上都有根据。因此，我们需要人类经验的、情绪层面的现象学。[2]

可以充分地说，身体—主体和情感—主体都需要一定的时间来熟悉并依附新的环境。这两股力量均希望生活世界不要发生大的变化，在理所当然的情况受到威胁或不安定时，两者会产生困惑和烦恼。大多数人生活在相对安定且无变化的生活世界中。这种连续性与在家性紧密相连，因此身体—主体和情感—主体的概念为探究其本质提供了强有力的抓手。

【注释】

[1] 在此处，情感（feeling）与情绪（emotion）是同义词。

[2] 或许在未来，生活—空间现象学能够提供一些洞见。对于地方的依恋是否可以说明情感—主体是如何发展的？最后，像我这样将身体—主体和情感—主体截然分开是否恰当？对于个体而言，情感依恋能否成为一种破坏力？是什么克服了情感—主体并且使人放弃了中心，或者改变了地方和惯例？为什么不同的人对于相同的处境有不同的情感反馈？

第十章

家和在家性

> 走进铂尔曼（Pullman）火车站的那一刻，他马上被常见的车站人群景象带回了家乡熟悉的地理环境中。背井离乡数年，从未见过一张熟悉的面孔，一个人浪迹天涯……他独自在曼哈顿高楼间的峡谷中生活和工作，失去了家的记忆，家变得如烟似梦。然而，就在他迈入火车站的那个瞬间，一切都再次浮现，他的脚落在了大地上，他回到了家。
>
> ——托马斯·伍尔夫（Wolfe，1973：46）

家是最重要的中心。“我的公寓是专属于我的地方。”（见附录 78
A 2.4.8）“离开公寓让我感觉很糟糕，因为我依恋它。我会想念它的。”（见附录 A 2.3.1）出现异常情况时（如供热系统发生故障），最能让人体会到对家的依恋（见附录 A 2.3.2、2.3.3）。由于离开了家，人们这时可能受到寒冷和生病的威胁。

> 记得去年冬天，公寓的供热系统坏了几天。朋友邀请我去他们家住，但我没有去。新年前夜，我和朋友们在一起，他们劝我留在他们那儿，但我并没有留下的想法。考虑到我的公寓只有几步之遥，我觉得待在他们家里并不合适。虽然我的公寓很冷，但我还是想待

> 在自己家里。我当时想过，自己为何这么不理性，在自己家会冷，而且可能会生病呀。但这些想法并没有奏效，我发现，自己还是会毫不犹豫地返回家中。（见附录 A 2.3.3）

对家的依恋与在家性经验相关。一个人日常生活中的家具营造出理所当然的、熟悉的、舒适的环境。对于家的观察指向五个潜在的主题，它们勾勒出在家性体验的特征：根植、占有、再生、舒适和温暖。我会讨论每一个主题，继而整合出作为整体的在家性图景。

一、根 植

79 根植是家的力量，用以组织个人居住空间的习惯和身体维度。从字面上看，家给了人们空间上的根，是人们启程和返回的实体中心。家虽然是更大的地理整体中不可或缺的一部分，但家也是一个特殊的地方，人们围绕它组织自己的出行。“各个空间于我并不是绝对平等的。我住的地方就是独特的地方，因为我总是从这里出门并返回。从某种意义上讲，我被捆绑在这个地方。”（见附录 A 2.2.2）

身体是根植的基础。通过重复“离开和返回”，身体—主体开始了解家和与之相关的事物的相对位置，如路径、地方、人和物的位置。身体—主体不听大脑指挥的现象能解释这一事实。一次，一名组员从汽车站驾车返回，路上与朋友相谈甚欢。他原本计划把朋友送回家，却突然发现开到了自己的家。他说：“愚蠢至极！我本要把你送回家，却开回了我自己的家。”（见附录 A 2.8.2）另一名组员接着他的话题说，有一次，他原本计划先去邮局，但突然发现自己已经迈上了公寓的楼梯（见附录

A 2.8.1）。认知是安放事物，而非当下的移动。指引人回家的是身体—主体，家是人们最常去的目的地。

身体的熟悉感也延展到家的内部，家是摆放东西和进行规律性活动的场所。一个人可以在家里自如地走动，因为身体—主体对空间了如指掌，常用的东西“伸手即得”：

> 我的母亲知道家里每件东西的确切位置。她对每件东西都心中有数，没必要专门想想哪件东西放在哪儿，而是会自动地走向那件东西。比如，我需要一些线，她就知道线放在哪个抽屉里。假如换作我，我必须找好几个地方才能找到。（见附录 A 2.17.1）

身体芭蕾和时空惯例与家息息相关。一些惯例就像仪式一样，如起床、梳妆、穿衣和做饭。在家里，这些活动都有特定的时间和地点（见附录 A 2.9）。这与用某种方式出门和回家的习惯一样。下面是一个人早上的时空惯例，以他早上离开家作为结束：

> 在工作日，我父亲每天早晨依循相同的惯例。他七点起床，并 80
> 不需要闹钟。他穿上旧衣服，而后去洗手间，继而从前门廊的架子上取回晨报。他把两根香肠放在平底锅里，调到微火，以备在八点十五分食用。当食物在炉子上加热时，他总是慵懒地坐在同一张椅子上读报。在香肠焙好之前，他还要煮一枚鸡蛋。他甚至不必倒掉煮蛋锅里的水，次日继续用。他在面包机中放入一片黑麦面包，倒上一杯橙汁……然后就吃完了。他将这样的早餐称为“三分钟早餐”，那是他吃饭所用的时间。他把碗碟放入洗碗机，刮胡子、洗澡、穿衣，在八点五十整离开家。（见附录 A 2.9.1）

一个人日常行为的实质部分会因根植而自动发生，从而节省了精神能量。根植是通过身体的动作来建立的，并且需要时间来发展。一个人如果一直生活在一个地方，那么在整个生命历程的头几个月或头几年，他便已经建立了根植的概念。那些在不同地方生活的人，每一次移动后都必须重找根植的地方。

新的在家性不能马上建立起来，部分原因就是根植。空间的熟悉度和舒适度要通过长期的、积极的整合过程才能形成。最终，空间不再是一系列需要根据认知来判断如何行为的客观区域、事物和地点。它成为根植于身体的前反思的动作领域。

二、占　有

家占有一方空间。占有首先涉及拥有和控制：在家的人要拥有一处由他掌管的空间。当家被以某种方式侵犯时，人们会觉得占有权被侵害了。情感—主体直接做出反应："我对此感到愤怒！"一名小组成员说，一个朋友未敲门就走进了自己的公寓。"他是客人，不是主人，他那样走进来，就侵犯了我们的隐私。"（见附录 A 2.6.1）修理工也会给人造
81 成类似的焦虑：

> 在过去几周，工人们一直在翻新我住的公寓。我一直努力观察自己对他们的反应。我有一种空间被侵犯的感觉。"这些人在我的房子里做什么？"我发现我讨厌他们的出现。虽然我明白他们必须在那里工作，但是我依然有心理压力。（见附录 A 2.6.2）

占有感部分取决于房屋的实体环境，但更为重要的是居住者控制人们进出通道的能力。小组成员的不愉快来自不请自来的熟人和陌生的修理工。期待的或被允许的进入者是熟悉的，或是在计划之中的，他们不会破坏在家性。不速之客则会打破居住者的控制感，并引起情感—主体的直接反应。

占有的第二个方面是隐私。上面提到的一名组员认为他人会侵犯自己的隐私。单独的空间是在家性的一部分，如果一个人在家里没有这样一个地方，那么他会感到一定程度的不安。还有一名组员说，他的室友几乎从不离开房间，他感觉房间根本不属于自己，因为那个人总待在那儿（见附录 A 2.5.1）。另一名组员也有同感，他不是有一位室友，而是有两位。他说："似乎总有另外一个人在宿舍里，我很难独自拥有那个地方了。每当知道两位室友都要外出，我就会感到轻松，因为我终于可以独自拥有整个公寓了。"（见附录 A 2.5.2）

总而言之，占有与居住者控制家庭—空间的能力有关。占有的缺失会导致侵权或失去隐私。不论哪种情况，居住者都失去了他认为理所当然的控制和使用居所的权力。失去占有会导致情感—主体的反应，包括生气、焦虑或不适。这种情感反馈或长或短，只要它持续存在，居住者便不会有完全的在家感。

三、再　生

想休息的人要静止和放松。再生是指家能让人养精蓄锐。最明显的是，家让身体得以休息。一些关于家的调查提到了睡眠和睡眠场所。例如，一名组员在没有暖气的公寓睡觉（见附录 A 2.3.3）。另一名组员坚持深夜驱车回家，为的是睡在自己的床上，而不是其他地方。他说：“我有一种不可抗拒的冲动，想待在自己的地方，睡在自己的床上。”（见附录 A 2.3.4）

82 床通常是家中一个特殊的地方。一些组员认为，床有不容亵渎的特点：当未经明确允许时，坐的人会感到不自在（见附录 A 2.13.5、2.13.6）。床有独特的意义，尤其是与性活动相关。它是相爱和生育的场所。就此意义而言，它是人类的空间源头。另外，床的重要性与占有相关。没有了家的安全和隐私，我们很难获得有效的休息。摆脱了恐惧和威胁，熟睡之人的身体是自然舒展的。

睡前锁门的步骤表明，休息和睡眠时的安全有多么重要。一些组员说，锁门的动作是他们卧室惯例的整套动作之一。一名组员称，他的父母多年来一直延续着锁门这个基本习惯：

> 我的父母在退休前，每天晚上都会锁门。通常由我父亲锁门，但是我母亲还要检查一下，以确保父亲没有忘记。父亲是个循规蹈矩的人。他走到外面的门廊，轻按开关，打开院子里的灯，查看室外的温度计，而后关上灯，锁上门廊的门，再走回屋里，锁上室内通往厨房的门。约一刻钟后，母亲铺好了床，她要再检查一番。清晨，母亲先起床，她一下楼梯便打开那两扇门，向外张望，看天气如何。从我记事以来，他们一直如此。（见附录 A 2.6.3）

除了为睡眠提供安全之所，家也许还有助于心理修复。一名组员说：“我能在家里思考适应我的方向。”（见附录 A 2.4.1）另一名组员说：“在上下一节课之前，我要回趟家，以重新找回自我。”（见附录 A 2.4.3）

还有组员发现，听完教授对她的论文表达的不满，她直接回家了。她在报告中说，没有任何活动比回家更能让她恢复精力："我发现自己回到公寓，仅仅就是为了恢复一下自己。我不清楚自己该在那里做什么，但是我知道公寓会使我好受一些。"（见附录 A 2.4.5）

家可以让人恢复力量，能为这种恢复提供稳定的地方。有在家感的 83
人意味着拥有一个能在那里理所应当地休息的安全之地。若没有一个休养生息的地方，人的生活几乎注定是崩溃的。

四、舒　适

舒适是指自由自在的状态：一个在家的人会怎么舒服就怎么来，想做什么就做什么。一名组员说："我在家里的样子就是自己真实的样子。"（见附录 A 2.4.6）另一名组员称，在家里"可以自由地做自己"（见附录 A 2.4.2）。家是一个能够自发、自由地产生冲动的地方。相反，在公共环境中，人们要担当角色，行为得体，维护自己的形象。在限定条件下，在家的人能够显示自己的所有方面，无须在乎他人的反应。他可以表现得愚笨、消极或是像自己希望的那般可爱：

> 我的公寓是专属于我的地方。在那里，我能做我喜欢的事，不怕被打扰，或感到内疚。安静地阅读，和朋友坐在一起，播放唱片，我能在任何地方做这些事情，但是不知怎的，我觉得在家做这些似乎最相宜。在家里，我不会耻于道出痛苦。我走进房间，关上门，尽情变成我认为难看的样子。向室友发发脾气也未尝不可。我在家做的任何事情都不会被上纲上线。（见附录 A 2.4.8）

人在生病的时候，会更清晰地知道舒适的重要性。一名组员说，生病的人觉得在家最舒适，因为他们没力气“佯装成并不是你的那个你”（见附录 A 2.4.4）。在家里，病人不会因为一脸病容而难为情；他可以彻底展现脆弱的一面，不用担心有什么后果。相反，正是这种脆弱性使得客人在主人家中会觉得不自在（见附录 A 2.12）。客人觉得这不是在自己的家，所以会觉得既不舒服也不放松。因此，从礼节上讲，如果主人让客人放松，并指点客人该如何做，那么客人通常会心存感激（见附录 A 2.12.1）。

舒适会反映在家的物理特征方面。正是这些特征支撑且促进着在家性。一名组员说：“住在能展现真实自己的地方感觉很好。”她重新装修了自己的公寓，贴上壁饰：“所有这些展现出的都是我。”另一名组员说，宿舍“很难留下个人的印记”，因为统一的混凝土建筑很难改变。“如果能把这个地方据为己有，我就不会感到那么不舒服了。”（见附录 A 2.3.5）

84 舒适有助于自我更新，它是促进个人发展和人际关系发展的基石。“感觉不舒服”暗含的意思是生病了。一个人在自己家里还感觉不舒服，这意味着他觉得不自然，这最终会导致身心的压力。

五、温　暖

温暖是指一种友好、关怀和互助的氛围。这种氛围会让家变得更好，让人得以养精蓄锐。一名组员在访问一户人家后深有感慨：“它给人温馨的感觉，置身其中感觉很好。”（见附录 A 2.7.4）另一名组员说：

“房间被打理得整洁有序，温暖舒适。我甚至希望我就是住在那里的孩子，这会让我备感欢欣。”（见附录 A 2.7.7）有些房间会散发温暖的感觉。厨房会营造“友好和愉快”的气氛（见附录 A 2.13.9），还有客厅，它能令人感到舒适和安全：

> 我清楚地记得爷爷家的客厅。它既不花里胡哨，也不是崭新的，所有物件都有年头了，甚至磨损了。但是客厅却透出温暖的特性。披风的上方挂着鹿头标本，我记得有一次我躺在壁炉边的地毯上望着它。我依然记得那种温暖快乐、舒适安详的感觉。（见附录 A 2.7.6）

使用是营造温暖很好的先决条件。一个温暖的家或房间不会是从未使用过的，或者只是偶尔使用的地方。未被使用的房子会给人冰冷和空旷的感觉。一名组员说：“身处一间才居住不久的房间，会感到寒意。”（见附录 A 2.7.1）另一名组员表示，有一种感觉是明确的，那就是房子若没有什么人气，它就没有生机，就像是鬼屋（见附录 A 2.7.3）。还有一名组员描述父母家中的餐厅经常没人用：“人走进去时，会感到冷清。”（见附录 A 2.7.5）人的出现和人与人之间的和谐都与使用相关。有组员之前与不太认识的人同住，在朋友搬进来后觉得屋里的气氛都变了：

> 在朋友搬进公寓前，是一些租客与我们共住。他们并不是真正 85
> 的朋友，只是共同承担租金的人。我的住处就如同公寓，并没有家的感觉。但是，我的朋友们搬来后一切都变了。如今这里很好。即便我回来时家里没有人，我依然觉得这里很美好。大家相处融洽，每晚都共进晚餐。我会期待与他们待在一起，期待一起吃饭，我们

似乎已经有成为一家人的感觉了。(见附录 A 2.10.1)

温暖的地方一定是有人照管的地方。人们会感觉到家是否有人照管，以保持井然有序，维护良好的状态。被好好照管的家会透出整洁、宁静的美感。一名组员说，他对一个孩子的家印象极深，觉得这个地方很不错，一定有人一直打理着(见附录 A 2.7.4)。很久没人住的地方原本会使人感到冰冷、没有烟火气，但是经过归置和打扫，人们会喜欢上它，有宾至如归的感觉(见附录 A 2.7.2)。

与在家性的其他方面不同，温暖是一个几乎无形的特质，不是所有的家中都有。然而，这并不意味着温暖不重要。它维持了一种愉悦的、有陪伴感的气氛，增强了生活感。如今，许多人独居在鲜有人际关系的房屋中，不太可能出现我们提到的那些令人感到温暖的情景。我不由想到一个问题：温暖的丧失对人和社会有什么影响？(Heidegger，1971)

第十一章

环境理论、环境教育和环境设计的含义

只有当我们有能力定居时，我们才能建设。

——海德格尔（Heidegger，1971：160）

对于不同地方、不同时代的人而言，在家性除了包括这里讨论的内 86
容外，还可能包括其他维度。对于阿巴拉契亚山脉的登山者、吉卜赛人、外来务工者，或者郊区的房东来说，且不论他们各自的具体情况如何，可以肯定的是他们的在家性各有特点。不论在何种历史文化背景中，在家性都会以某种方式呈现出来，也许是拥有一小片土地、一幢小屋，也许是游牧者每年迁徙路线上的临时住所，抑或是推销员住的汽车旅馆。

我们讨论的在家性的五个方面涉及人的不同方面和不同的空间表现形式，它们会导致不同的体验结果。表 11.1 总结了这些差异。根植与人的身体有很大的关系，它让人们得以在时空中定位。根植在家里体现得最明显，维持移动的顺序和连续性，可向外拓展至人们经常利用的地方和路径。当下和未来的行为，很可能就像一个人在他所根植的空间中已经做过的那样。一个人无需计划和决策日常活动，根植保证了这些可以自如地进行。

87 表 11.1　在家性的五个方面

方面	经验层面	在空间和地方中的表现	结果
根植	身体的、个人空间的中心	集中在地方、路径这些被利用的地点；在未利用的地方发展不足	形成智能的身体—主体；空间秩序和时间连续性；维持最小变化或最小损失；定向、惯例和事物的摆放都是理所当然的
占有	非常情感化；地方依恋（积极的），受威胁之感（消极的），身体的、认知的；可更新和可恢复的	占有强度呈同心圆分布，越向中心，人们利用和依赖的强度越高。此规律适用于人安排事物乃至自己的中心、路径和地方	世界是公共的、混乱的，在这样的世界中，占有为个人提供属于自己的秩序
再生	身体的、情感的、认知的；可更新和可恢复的	既可以在家里，也可以在其他让人得以恢复的地方，如日常健步的小路	身心的恢复，休整和睡眠
舒适	身体的、情感的、认知的	通常在家感受最明显，也有可能出现在其他令人舒服和放松的地方	放松、松弛、沉思、自在而为
温暖	前认知的；多数时候借助身体和情感来感受	多在室内空间；同整洁、装饰和人际和谐有关	愉悦、满足、情谊、爱抚

关于根植的领地性研究一直被忽视，尽管有些关于动物的研究已经注意到它的重要性（Von Uexküll，1957；Lorenz，1996）。保罗·莱豪森（Paul Leyhausen）参考了海尼·海蒂格尔（Heini Hediger）的研究，认为哺乳动物的领地是由它们的兴趣地点组合而成的，如它们的主要家园、次要家园、食物来源地、蹭痒痒的地方、晒太阳的地方等。它们“由精心构建的路径网联结起来，沿着这样的路径，领地所有者或多或少依

照严格的路线走动，有昼夜节奏的线路，还有季节性的线路”。他将这种模式应用于家猫，发现它们也有这样的领地，但是并不能确切地指认家猫是否有精心构建的路径——海蒂格尔则坚持认为存在这样的惯例。莱豪森写道：

> 一些动物的行为习惯是避免直接相遇，如邻居家的猫，甚至是 88
> 野猫，它们并不住在一起。根据海蒂格尔的说法，动物是通过依循各自准确的时间表（就像多趟列车的时刻表那样）来避免相遇的冲突的。迄今为止，沃尔夫和我的观察得不出任何积极的证据证明，家猫的日常惯例服从于这样确定的时间表。如果它们每天都倾向于在同一时间到某个地方，通常是人为因素造成的，如人给猫喂食的时间。

大多数关于人类领地的研究都忽视了根植，或者将其简化为可观察的行为，通常称作“活动空间模式”，以图表或统计的形式呈现（Boal，1969，1971；Lee，1970；Buttimer，1972）。根植补充了领地性中对侵犯的强调，也开启了对于习惯的、前认知行为的调查。这种调查将动物或者人置于生活空间中。

占有的重点是保护和防御，它将这种情感纽带扩展为积极的依恋。多数关于领地性的研究只关注与地方有关的负面情绪。例如，萨特尔斯研究了芝加哥亚当斯区的邻里区（Suttles，1968），那里是一个低收入者居住区。他在研究该区社会空间机制时，强调了邻里隔离、防御和排斥。同样，纽曼在他的“可防御空间”理论中高度赞同这样的观点：人有抵御侵略的冲动（Newman，1973）。

占有属于人的情感部分，有时涉及防御动机。领地性观点的错误之处是，认为空间经验只影响和控制领域，侵略的冲动是占有的一部分。从整体来看，占有既包括积极情绪，也包括消极情绪。这些情绪表现为依恋、保护、乡愁和怀旧（Relph，1976b：33-43）。段义孚把对地方的积极情绪称为“恋地情结”，形容它是“人类与物质环境的全部情感纽带”（Tuan，1974：93）。这些纽带源自诸如审美、身体接触、健康、爱国主义、亲情和友善等多样化体验（1976b：92-102）。雷尔夫发展出了恐地情结，用以描述情感和地方的另一面，即“所有那些令人厌恶的、诱发焦虑和沮丧感的空间、地方和景观的经历”（1976a：27）。

89 占有就像是特定地方那些看不见的氛围，但其实还是能被看见的。这种氛围的强弱与一个人占据了那个地点后的感受直接相关。通常，这种氛围在一个人钟爱的财产周围最强，如他的家以及他感觉亲近的中心点。典型的空间模式是，一个地点离一个人的住所越远，这个人对它的占有感越低。人依恋的地方远超出家的范围，如他喜欢的酒吧、某个游泳的地方、成长的社区。占有的一般模式也会改变。

我们可以用尖顶帐篷的形状来形容舒适的分布。帐篷的最高点是让人或多或少感到轻松和自由的地方。在家的实体环境中，舒适通常最强，它也会延伸至其他令人觉得舒适的地方。关于领地性的研究基本都忽视了舒适，可能是因为舒适的行为表现并不像侵略和防御行为那样易于观察。同理，领地性研究也忽视了温暖。在家性的质量受空间的限制，通常体现建筑内部的空间场所，这种场所可以生成愉悦、互助的氛围。

再生是指地方对人具有恢复力。再生最好的地理表现形式是一个让身心得以放松的地方。对大多数人而言，这样的地方屈指可数。领地性研究有时会提到地方对于维持人的再生能力的重要性（Carpenter，1958），但是并未做详细的思考。研究行为惯例和日常仪式中的再生能成为有趣的调查。例如，一个人睡多久？何时何地睡？入睡几次？入睡和醒来的规律是什么？人和动物的睡眠各有什么特点？

一、在家性的发展

雷尔夫认为，地方认同的关键是内在性，即个人将自己归属于一个地方，并与该地有不同程度的关联（1976b：49）。一个人会认为自己在某处比在其他地方更安全，更少受到威胁，更封闭而非更开放。雷尔夫解释道，对该地点认同越强，在家性就越强。雷尔夫进而指出，内在性和外在性之间具有二元性。这种二元性是环境经验和环境行为辩证分析的基石：对于不同的人，不同地方的内在性和外在性表现程度不同。

在家性的发展通常是用内在—外在划分来分析的（1976b：49）。 90
一个具有很强的在家性的地方，通常体现出存在的内在性（existential insideness），即第六章地方芭蕾部分所描述的无自我意识地沉浸于某一情境。雷尔夫认为，存在的内在性是地方的经验，“大多数人都会在家里，或在他们自己的城镇或地区内感受到它”（1976b：55）。它包含在家性五个方面的所有内容：一个人的身体和情感沉浸于地方中；生活具有连续性和规律性，日常生活的各个方面都是自然而然的，几乎没有被反思过。

在家性如何才能发展？雷尔夫外在性的两种模式反思了无家可归和不在家。存在的外在性（existential outsideness）的状态就是，人不仅无家可归，还疏离于任何地方和人群（1976b：51）。客观的外在性（objective outsideness）即人对地方有意识地采取一种不动声色的冷峻态度，目的是研究特定区位或活动的属性（1976b：51-52）。这种体验模式与地方是割裂的，人与地方没有产生任何联系。他们在生活上虽可以将自己定位在地理世界中，但是在经验上将自己与地理世界割裂。他们并没有持“在家”的态度，而是像观察者、游客和离群索居的人。

雷尔夫用内在性模式反思了在家性的形成。具有行为的内在性（behavioral insideness）的人会关注地方，当他审慎地找寻一个地方有别于其他地方的特征时，会发现地方的模式和独特性就是由一个统一的环境展现的，从而感受到自己属于这个地方，或有了在家的感觉（1976b：53-54）。随着这些感受的增强，人或许会体验到移情的内在性（empathetic insideness），它让人“敞开心扉接受地方的意义，了解和尊重地方的符号”（1976b：54）。这时人和地方变得更加亲近，并对地方有了依恋和关心。最终，但是并不是必要的，人或许会选择把这个地方作为家。而后，他会体验到存在的内在性，即一种“深层的、完全的地方认同”（1976b：55）。

二、在家性的过去和现在

91 过去，在家性是从存在的内在性生发出来的。人们生于一地，并在此度过一生。在那里他们会感到在家的舒适。在家性是在不知不觉中被体验到的，人们从未质疑过这种感觉，直到被突如其来的自然灾害或社会巨变扰乱。也有一些例外的人，如旅行者、流浪者和富人。然而，对于大多数人而言，出生地是他们唯一的地方。它就是家，不论在外人看来那里条件多么差或多么不公。

诗人和田园作家温德尔·贝里（Wendell Berry）[1]认为，在过去的在家性模式中，人们的生活与地方、自然环境息息相关。生活的各个方面都是可持续的，每一个地方都极其独特：

> 过去，特别是在欧洲，一些农民住在他们的畜棚中，那里既是工作场所，也是家。工作场所同时也是休憩场所、娱乐场所，它们彼此衔接，难以分开。过去，店主或住在他们的商店里，或住在店铺的上层，或住在店铺后面……过去，家庭既是生产者，也是食物的消费者。家既是自给自足的中心，也是被装饰和维修的中心，是教育和娱乐的中心。人们出生在某个房子里，而后在此生活、工作并老去。对人而言，这些房屋并不具有普遍意义。虽然这些房屋的建材和设计相似，但是它们在外观、感觉和气味上却彼此不同，表达出某个人对他的地方和环境的特定反应。(1977：53)

在当今这个移动性很强的大众传媒的时代，人们可以轻松地超越物理空间，进行地方的比较和切换。在家性不再具有必然性；人们每次空间移动后都要重新建立在家性。许多人的脚是无根的，对地方没有依恋。同时，技术和大众文化破坏了地方的独特性，促进了同质化。其结果便是雷尔夫所说的无地方性。

贝里继续探讨了在家性的现代模式，认为正是这种模式造成了无地方性和社区碎片化。他说，家不再固定在一个地方，许多人生活在自己无法管控的地方，即在那里工作、娱乐等活动都由不得自己管控。在这

---

① 温德尔·贝里，美国诗人、散文家、小说家和农民。1934 年出生于肯塔基州，在列克星敦的肯塔基大学就读，1956 年获得英语学士学位，1957 年获得文学硕士学位。曾在纽约大学和肯塔基大学任教。他出版了三十多本诗歌集、散文和小说，曾获古根海姆奖和洛克菲勒基金奖。——译者注

样的地方，“他们无所谓自己在做的事会给地方带来什么效果”（1977：52）。例如，露天采矿的人、修建高速公路的人、滥伐森林的人“不会感到他们居住的地方正被侵犯，或者他们正做的事会立刻威胁到自己的家、生活环境或生活”（1977：52）。家不再是给人带来身体和社会氛围之温暖的地方，相反，它被泛化为工厂的产物、时尚的产物，是各处都一样的、与自己无情感关系的地方。机场这样的现代建筑就是这种空间的延伸，每一处都与其他一处没有什么区别。如果一个人身处现代化的房子里，这房子在世界各地随处可见，那么他便可以想象自己是在世界上其他什么地方。现代化的房屋并不体现地方，而是体现了所有者的财富和社会地位……一个人的家虽然是其身份的象征，但并不是其兴趣点或意识的中心。在我们所处的时代，那些与家分离的意识中心已经移动到了广大的范围（1977：52-53）。

三、在家性和栖居

92 海德格尔是颇具影响力的德国哲学家和现象学家，他或许已经详细讨论了现代之家和在家性（Heidegger，1962，1971）。海德格尔相信，我们正在遗忘如何栖居，因此也忘记了如何在家，如何建设家园。海德格尔说，栖居是一个过程，人类通过这样的过程，能够将自己生存的地方打造成家，并且将地球、天空、神灵和自己四位一体融合起来。栖居就是“像凡人一样生活在地球上”。它意味着“珍惜、保护、维持、关心”人们选择栖居的地方和社区（1977：147）。布蒂默将栖居置于现代语境中，解释道：“栖居的寓意是，以一种与自然节奏相协调的方式生活，以看到人们的生活既扎根在历史中，也指向未来，我们营造的家是体现人与生态、与社会环境进行对话的日常象征。”（1976：277）

栖居与在家性相关，并延展至其他主题：维持或破坏家的环境和地方的品质；思考善待地球和土地的方式；个人对自身和他人的责任。当在家性聚焦于人文环境和人的需求时，可以抵达远方的栖居就具有了生态意义，即把个人同地球、生物圈、公共环境和精神领域结合起来。栖居指向人的守护角色：守护自然世界、他人、自身，守护善良、道德和理解（Grange，1977）。

海德格尔说，栖居和守护的关键是保存和保留。例如，善待土地、事物和人，使之像其本来的样子或应该的样子。保存和保留会促成一个
“自由的环境，它可以守护所有事物处于天然的状态”（1971：149）。 93
雷尔夫进一步解释道，栖居的结果是：

> 地方不断演化，且具有有机的品质。这就是具有海德格尔所说的“保存”特性的地方，即包容事物，不去改变或控制它。这样的地方体现了人对地球和他人的关怀。这样的空间和地方充满了意义。它们既具有秩序，也可以直接被体验到。当然，它们是无限可变的。（Relph，1976b：18）

四、栖居和建筑

海德格尔继续讲道：“建造自身就是栖居。”（1971：146）他一语道破了栖居本质上是为了环境教育和环境设计。海德格尔认为，现代人已经忘记了如何栖居，且不会建造了。“这怎么能算作全然地住在一个地

方？”他还说，如果无法回答这个问题，我们就无法期待我们实施的规划空间可以让人类或生态环境更好。

如果相信海德格尔所言，那我们就会理解，栖居不是只让建筑和周边环境吸引眼球，也不需要用物理指标来定义，如建筑面积、灯光效果等。相反，栖居应包括那些无形的品质和过程，如人们关爱所生活的地方，感觉能将一个地方或它的一部分视为家。海德格尔认为，除非社会科学家和规划师开始理解作为栖居的日常生活环境，否则我们将继续创造没有生气的地方和没有意义的空间，而不是可以生活的空间——这样的空间可以促进活力和凝聚力。

与此同时，海德格尔认同贝里的观点，相信如今的人们适合生存于某个地方，而不再是栖居在那个地方。例如，居住在公共住房里的居民破坏甚至毁灭他们的生活环境；人们指责住在郊区的人，认为他们应对建造拙劣的排污系统或管理不善的垃圾填埋场负责；企业高管则对环保法规感到愤怒。在海德格尔看来，这样的人忘记了他们对地球和更广大的人类群体需要担负的责任。他们进入了一种无家园的、人际异化的状态。以居住为例，海德格尔说：

> 94 各方人士都有充分的理由谈论住房短缺问题。他们不只有言论，也有行动。我们试图通过提供住房、推进住房建设、规划建筑企业来填补需求差。不论多么艰难，不论住房短缺的问题或威胁如何持续存在，我们面临的真正困境都不仅是住房短缺。真正的住房困境事实上比世界大战带来的破坏还要久远，也比地球人口的增长和产业工人的悲惨境况久远。真正的居住困境在于，人类必须重新找寻栖居的本质，必须学会栖居。(1971：161)

五、学会栖居

学会栖居的方式有两种：发现自己的栖居和他人生活中的栖居的重要性；设计维系和改善居所的物理环境。

环境体验小组提供了第一种方式的证据。通过探索体验地方和空间，一些组员开始意识到家和在家性的重要性（附录B）。他们对人与地方之间的多种体验有了越来越多的了解。例如，以下是一位小组成员在夏天过后提交的一份报告。可以看出，她开始敏感地意识到家的价值，也看到了家在日常生活中的重要性：

> 在整个夏天，我注意到的一件事就是我住的房子变成了家。我找到了一种中心感，它让我平稳地度过情绪波动和躁动的时刻。这种感觉极为重要！有人借给我床单，因此我不必再睡在睡袋中。我把床搬回卧室。当我刚来的时候，它在起居室里。因此，我就有了起居空间和睡眠空间。这个夏天最好的事情之一就是拥有这个临时的房子。我在那里打扫卫生、归置东西。拥有一个属于我的地方真是令人愉快。（附录B评论3）

如果关于栖居的教育是有价值的，那么找到一种途径来创建实体环境就十分重要。它可以支持栖居，而非阻碍栖居。有一种方式是再次回到社区和地方芭蕾。在某种意义上，人在栖居和在家性方面的努力是社区的经验基础。社区使人建立起对邻里和环境的熟悉感、舒适感。过去，社区和地方是有边界的，人类活动范围被速度较慢的交通方式限制，如活动范围在步行或骑行的距离范围内。居住、商业、工作和娱乐过去曾在时空中融合在一起，这使得地方芭蕾和关爱地方成为可能。现代，时空惯例通常存在于孤隔的单元中，每个单元几乎都不能融进更大的、整体的地方—空间。人的活动是分隔的，如果空间单元彼此不融合，那么就可能失去潜在的人际关系动力。贝里说，现代人定义的"'地理'就是他的房子、办公室、通勤路径以及购物中心的内部、餐馆和娱乐场所等。对于现代人而言，地理是人造事物，在任何地方都有他这样的地理，而且通常是一样的"（1977：53）。

95 显然，技术的进步让人们得以克服物理距离，生活空间也像贝里所描述那样成为可变化的拼图。然而，从经验上说，这种地方的物理分离是社区衰落的部分原因。如果在空间上临近，人们会更趋向于发展人际纽带，关心他们共享的空间。正如斯莱特提示我们的，社区是"一个整体的、可视的、集合的能动者"（1970：5）。空间的疏离弱化了这种可视的整体性，并摧毁了人们对于特定地方和环境的关心。

六、栖居、在家性和地方芭蕾

当被问及环境设计如何促进栖居和在家性时，我们就要回到地方芭蕾的概念。首先，地方芭蕾将一个人根植于自己的时空惯例中。与此同时，它也使全体参与者整体扎根在一个完整的时空模式中。其次，它会自动将特定的人"分配"到特定的区域。地方芭蕾占据了空间，由此增进了人与人之间的熟悉度和信任度。这种熟悉和社会性也会带来舒适，在一些环境中令人感到温暖。地方芭蕾增进地方感，地方感为参与者提供了空间秩序和认同。因此，地方感可以防止不速之客的入侵，抵御更大的世界所发生事件的危害。

如果地方芭蕾能够促进栖居和在家性，那么仍存在两个重要问题：物理设计的哪些特殊要素会促进或破坏地方芭蕾？我们需要什么样的地方芭蕾？

第一个问题暂时搁置，放到第五部分再谈。关于第二个问题，目前未有定论。在城市环境中，倘若雅各布斯的论断是可信的（Jacobs，1961），那么地方芭蕾就集中于社区、街道，以及那里的商店和其他设施。人们的需求就是营造这样的环境，使地方芭蕾得到增强、复兴或启动，并把活力扩散到周边不太活跃的地区。贝里认为，在乡村地区，人们的需求是回归个人拥有的家以及个人关爱的土地。每个农场都会促进家庭的地方芭蕾，后者会融入更大的区域时空。贝里说，这种互动将会重建乡村性和都市性之间面对面的人际关系（1977：218-222）。

在当今这个技术发达、人口频繁移动的世界，回归到人的尺度也许 96
不再可能。穆克塔·韦伯（Mukta Webber）是这么描述现代美国人的：

> 尽管一个人的祖先是局限于地方社区的，但是现在他所联系或归属的社区不再只是地方社区。与地方社区相比，美国人与其他各类他们感兴趣的社区有更为紧密的联系，不论是基于职业活动、游憩休闲、社会关系的社区，还是志趣相投的文人圈。（1970：536）

人们在社会和精神层面的不满足，大量的经济、生态和能源问题，这些表明世界并不安全。世界各国人口的流动都在增加，三分之一的美国家庭每三年就换一次居所，加拿大人和欧洲人也开始了类似的模式。人们不再有归属感，不想花气力成为地方和社区的一部分。人们不再认为自己要对邻居负责，因为他们彼此并不认识。

这里谈的经验主要是可检验的。似乎我们不可避免要扎根在地方和空间中，这主要是因为我们是有血有肉的人。倘若我们是气态的或者是一种能，我们就可以从一地直接飞往另一地。如果我们不发展情感归属，那么我们很难想象日常地理会有差异。地方和空间的角色或许就微不足道了。

我们最终决定做什么样的人？这取决于个人。一个人可以选择成为适应能力很强的人，或者是被诸多无可摆脱的因素限制的人，这些因素包括需要栖居的身体和情感。至少，在经验层面上，人并不能随心所欲。或许最佳的解决方案是，认识存在的局限性，并基于这些局限获得自由，而非忽略它们。

第四部分

与地理世界相遇

大地展现我面前，欢乐充满我心田；
面对自然无恐惧，自由放飞天地间。

——华兹华斯（Wordsworth，1936：495）

第十二章

知觉和意识的延续

> 我妻子的视力正在衰退。总的来说，她对此并不伤感，因为没有什么值得去看。她说，她还希望自己变成聋人，因为也没有什么值得去听。
>
> ——斯特林堡（转引自 de Grazia，1972：473）

我在开车转弯的那一刻，忽然看到前方金灿灿的秋叶；我走进街角 99
的杂货店时，发现门被重新漆过；我在等公交车时，看到孩子们在马路对面结冰的池塘上溜冰。这些经历让我的部分意识触及地理世界的某个地方。树木、建筑、池塘都是活动场所，我的留意使它们逐一呈现出来。这些体验的时刻就是“相遇”的表现，即“人与身边世界建立起联系的情境”。[1]

移动和静止是自然世界中可清晰观察到的现象。相遇则不同，并不容易被观察到，因为它既涉及外部实体或事件，也涉及内心的活动。通过观察，我们可以轻松地总结出，一块岩石是静止的，一只猫或许有日常的时空惯例。然而，相遇很难被观察到，因为当人与外部世界相遇时，没有什么简单的方法可以详细描述他的内心活动。[2] 当代科学家和公众通常认为，人可以与周围世界相遇，但是除人之外的其他实体不可能与周围世界相遇。然而，原始文化和传统文化坚信，动物、树木、岩石和地方是有意识的，可以认识到自己和它们的世界（Gutkind，1956；Eliade，1957；Searles，1960；White，1967；Relph，1976b），最近的一些研究为上述信仰提供了支持性证据（Schwenk，1961；Backster，1968；Roszak，1969，1973）。由于传统科学接受细节的存在，不太认同现象，所以未来会有人探索人与非人事物相遇的可能性。到那时，再说岩石的“知觉”或地方的“精神”就不会令人诧异了（Banse，1969；Durrell，1969；Roszak，1973；Seamon，1978a）。

100 在传统哲学和心理学中，相遇通常被描述为“感知”。感知是指“一个观察者与他的世界建立联系的方式”（Murch，1973，转引自Ittelson et al.，1974：103）。弗劳德·亨利·奥尔波特（Floyd Henry Allport）① 说：

> 感知与我们对于客体或关于我们的条件的意识相关。很大程度上，它取决于这些客体给人的感官印象。它对于我们来说，就是视觉、听觉、触觉、味觉和嗅觉呈现的样子。但是，感知还包括对这些客体的理解，以及由之获得的“意义”或“认识”。（1995：14）

感知与空间行为一样，是行为主义者或认知理论家常用的术语。[3] 行为主义者认为感知是一个过程。对于接收者或被动接收者而言，他们可以通过这一过程将外部刺激转变成信号（Ittelson et al.，1974：66）。举例说，我之所以注意到秋叶，是因为从前有过相似的景象，它唤起了我的注意力；在当下，它对我的注意力有积极的强化作用。相反，认知理论家说，环境是信息源。他们认为，作为观察者的“我”，积极地参

① 弗劳德·亨利·奥尔波特（1890—1978），美国心理学家，实验社会心理学的创始人之一。他在哈佛大学获得哲学博士学位，随后执教于北卡罗来纳大学和锡拉丘兹大学。他的弟弟 G. 奥尔波特也是美国著名心理学家。——译者注

与了接受树的映像和将之结构化的过程。也就是说，我的感知系统并非被动地接受它们的作用，即把它们当作过去强化的、已经学到的结果来被动地接受，而是在接受或拒绝它们时扮演了主动的角色。这种途径被称为“信息—过程观点”（Ittelson et al.，1974：109-113），人被视为一个控制装置，像机器一样处理感知到的数据。关于感知的认知理论方法并非与行为主义截然相反，它对行为主义地理学有深刻的影响。它是地理学中许多环境感知模型背后的理论支撑（Downs，1970），并指导着某些经验研究，如景观评价和偏好方面的工作（Zube，1976）。

从现象学的观点来看，感知是已知世界与去感知和认识它的人之间的“交互媒介”（Keen，1972：91）。认知理论和行为主义理论共同的、主要的缺陷是忽略了这种“交互媒介”的经验方面。它们忽略了一种可能性，即感知的过程在质量和强度方面都是有差异的。一些进行感知试验的学生认识到，至少在理论上，感知并没有一致的作用（Hirst，1976：80）。然而在实践中，这种感知的变化的强度通常会被遗忘。人们的研究是根据五种感官感受（视觉、听觉、触觉、味觉、嗅觉）或外部世界（颜色、形式、形状、物体的移动、幻觉、空间、时间或某些相似主题）衍生的类别进行的。[4]

探索在体验中发生的感知瞬间是我们的目标。在其被削弱之前，我 101
试图用特定的心理学或哲学理论，生动呈现感知体验的完整性。人们会发现，自己会以各种方式与世界相遇。相遇的时刻与这一时刻的其他方面紧密相关，包括情绪、精力、经验和知识。

人们在不同的时刻，或多或少会关注身边的世界。有时，人会强烈地感受到环境的存在，甚至感到与环境有感知上的联通。借鉴克拉维茨（Krawetz）的观点，我用“融合趋势”（tendency towards mergence）这个术语来定义这类相遇，因为相遇跨越了人（自我）与世界（非我）

之间的断裂，形象地讲，就是人融入了他的环境。在很多时候，人们都非常不在意身边的世界，并不关注它。我将这样的相遇称为“分离趋势”（tendency towards separateness），指人将注意力引导到内部，在意识层面与身边的世界分离。然而，即使在极端分离的情况下，身体—主体前意识的感知能力仍然起着作用，驱使人们用姿势和移动来避开环境可能带来的意外。这些姿势和移动甚至是在一个人非常关注外界环境时才能做出来的。

相遇并不是一种体验，而是多种体验，它的总和也许最好被称为“意识连续体”（awareness continuum）。它一方面包含融合趋势的相遇，另一方面包含分离趋势的相遇（图 12.1）。探究相遇的本质，可以更好地了解人类如何用心与地方、空间以及身边的景观相遇。这些知识对于特定的环境感知研究以及环境教育具有重要意义。另外，我们亦可思索各种相遇如何与在家性联系在一起。

102

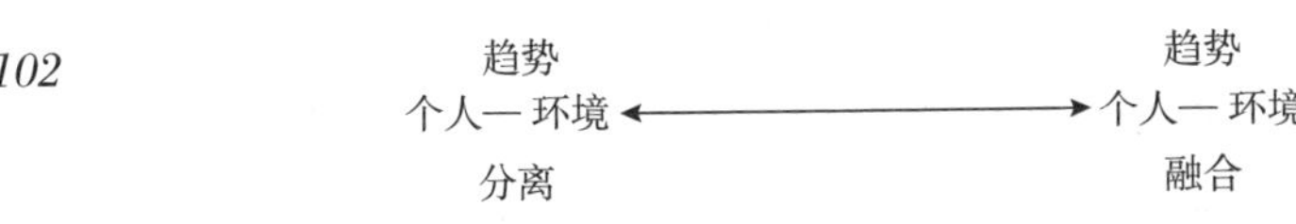

图 12.1　相遇的模式：意识连续体（唤醒意识状态）

【注释】

[1] 尽管我的思考是基于地理世界的，但是我从一开始就意识到，相遇会涉及世界的其他方面，如人际、社会、文化、经济、历史和精神领域。例如，一个人在观看池塘的同时，也会与那里的人和社会相遇，并被池塘（作为一个地方）的氛围包围。我们需要相遇现象学，它可以关注和研究所有的相遇，而不仅仅是地理世界里的相遇。本书中关于相遇的描述，既包括与实体的、非人文的环境的细腻接触，也包括与这些环境里的人、物、场所和事件的相遇。

[2] 虽然科学设备（如测谎仪）能够测量人体内部状况的某些方面，如脉搏

率和肌张力，但是不能提供对该状况的体验性叙述。

[3] 赫斯特从哲学的角度对感知进行了很好的介绍（Hirst，1967）。梅洛－庞蒂的《知觉现象学》是对传统感知哲学和心理学方法最深刻的批判（Merleau-Ponty，1962）。最终，感知（知觉）成为梅洛－庞蒂自己的人类经验哲学中的关键概念。但是他的定义与经验（行为主义）和理性主义（认知）的定义有很大不同。

关于空间行为，不止有上面两种理论。除了行为主义和认知理论这两种方法，格式塔分析法也是一种重要的方法。关于这几种方法的概述，参见 Allport，1955。

[4] 关于这些分类的案例，参见 Schiffman，1976。

第十三章

波动、忽视和观看

对我而言，世界是陌生的。有时候我知道，自己什么都没看到。我被自己的内心深深吸引，以至于世界没有机会进入我的内心。例如，周日早上，我沿着大街散步。行道树看起来如此美妙且充满生气。我已经有很长一段日子没有这样端详它们了。我感觉很好，心情平和。然而，我遇到了前女友，她说了几句话，深深伤害了我。我虽然继续散步，但此时的行走与刚才完全不同。我满腔怒火，不会再留意任何事物。我内心如同设置了一道屏障。我的愤怒和悲伤，使我无法看到几分钟之前我所观察的世界。

——环境体验小组成员（见附录 A 3.1.2）

一、波　动

人与身边世界的相遇具有持续波动的特点，即当人们的注意力在内心和外在关注事物之间移动时，相遇的敏感性会时高时低。一名组员说："有时我觉得与周围的世界很近，有时却觉得它们很遥远，是在我毫无准备的情况下出现的。""有的时候我甚至不会注意到任何事情，而有的时候，我却是清醒的。”（见附录 A 3.1.1）甚至在几秒之内，人们对于世界的认知程度就可以有戏剧性的改变。一瞬间的强联系或许会导致下一刻的缺乏联系。请关注本章开篇那段街景观察的转变。叙述者原本开心且平和，洞悉了自我和世界的边界：树木是“如此美妙且充满生气”。然而，同前女友的相遇使他筑起了内心“屏障”，与外部的相遇随之消失。

人对世界的认知时而前进时而后退，就如同海浪的涨退。每一次相遇的瞬间都是独一无二的，具有特定的接触强度和质量，无法被完全复制。尽管认识具有不稳定性和多样性，但还是有几种可以确定的相遇模式：忽视、注意、观看、强联系和基本联系。这些模式不是精确的相遇要点，而是不精确的基准点，它们概括了第十二章所描述的在更宽泛的意识连续体中的遭遇之特定范畴。

二、忽 视

104 忽视是指在任意情境中，身处其中的亲历者的意识不与外部世界接触，而是直达内心，如人在思考、感觉、想象、幻想、担忧，或身体的状态同身边世界毫无关系。忽视并非意味着所有注意都中断了，而仅仅是外部指向中断了。

忽视发生在多种情境中。一名组员说，自己因沉浸于思考下周该做什么而错过了公路的出口（见附录 A 3.3.2）。第二名组员说，因为行色匆匆，所以自己在与朋友擦肩而过时没有注意到他（见附录 A 3.2.2）。另一名组员说，陷入沉思的她忽然发现一个朋友走到了自己面前，而在那之前她忽视了他：

> 因为我并未意识到他的出现，所以他让我吓了一跳。在这一刻之前，我真的没有看到他。虽然他已经在我身边站了好几秒，然而我却花了些时间，才有意识地发现他在那里。（见附录 A 3.2.1）

忽视会延伸至各种活动中，尤其是那些单调和重复性的工作。一名组员说：“我曾做过洗碗工，工作的时候我几乎不会注意到我在做什么。我很容易陷入白日梦的状态，或者脑子里想着下班后我要去做什么。”（见附录 A 3.5.2）有时，人们会彻底忘记他们是否完成了一部分工作。一名组员说：“在做家务时，我很容易发蒙，不记得自己是否用吸尘器清理了房间的某个角落。为保险起见，我只得再清理一遍。”（见附录 A 3.4.1）人们工作时的忘我状态或许值得鼓励。一名组员打扫房间时总会唱歌，她说：“我总得做点什么，以便把注意力从擦洗的事情上转移开。”（见附录 A 3.5.1）

尽管有时候忽视与积极的内部状态相关（见附录 A 3.3.5），但是它也经常发生在生病、匆忙或者消极的情境下。一名组员说：“当身体不舒服时，我走路只是看着地面，努力走到我不得不去的地方，没有体力去四下张望。”（见附录 A 3.3.4）人们忙碌的时候也会与外部世界隔离开来。一名组员说：“我通常会在周边跑步，一边跑一边想接下来该做的事……这种时候，我会忽视周围的许多事物。”（见附录 A 3.3.1）愤怒对阻挡意识尤为有效，正如遇到前女友的那位组员所指出的。有时，愤怒能完全割断人同周围世界的联系，使人犯错（见附录 A 3.7.2）。

即使人们意识到自己会有遗忘的情况，消极的心境和疲倦的身体也 105
使人很难注意身边的世界。一个回家的人坐了很长时间的车，疲惫不堪。他说：

> 下车时，我感到自己的状况十分糟糕，一身疲惫，饥肠辘辘，只想着赶紧结束行程。大概走了一半路程，我发现自己竟忽视了身边经过的事物，根本没有看到它们。于是我开始留意周围的环境，并试图让自己置身于环境中。但是五秒钟之后，我的思绪再一次飘走了，它“不受控制”。当我步履维艰地走过一段杂草丛生的近路，才发现我都没有注意到路况，之后我好好地嘲笑了自己一番。（见附录 A 3.15.3）

忽视是一系列经历。在这样的经历中，人们或多或少注意不到眼前的世界。在意识连续体上，忽视是与分离趋势相联系的，它被置于图 13.1 中的左端。

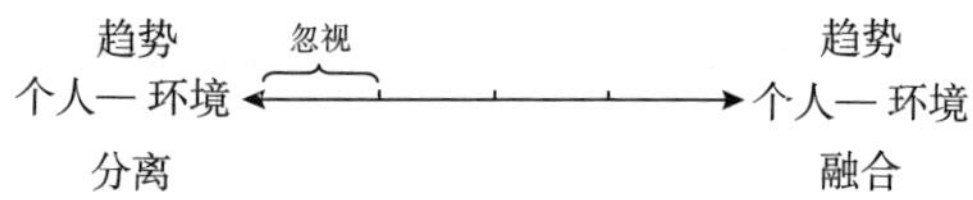

图 13.1　忽视在意识连续体中所处的位置

三、观　看

观看是指人们在一段时间内，聚精会神地看着世界的某个方面。观看的类型和强度不同，既有零星的、不太关注多样性的观看，也有具有强烈情感和身体参与的观看（图 13.2）。

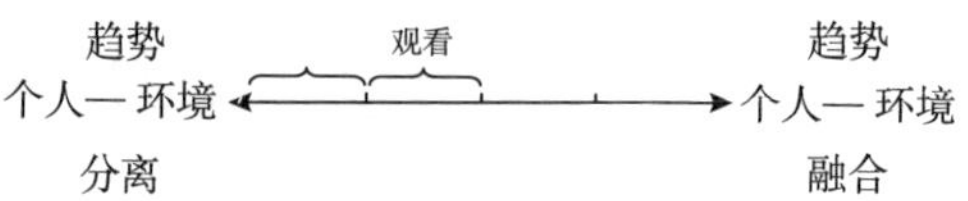

图 13.2　观看在意识连续体中所处的位置

强度最弱的观看发生在人们仅关注世界表象之时。人的注意力会在 106
内部和外部之间徘徊。一名在宿舍前的草坪上闲坐的组员这样说：

> 周二下午，我坐在莱特大楼前的草坪上，看着来往的人们。我并未特别关注某个事物或者某个人，只是看着，很放松。我要在那里坐上一个小时或更长，感受那儿的氛围。我并不是整段时间都在看着这一情景。有时，我会“进入自我”，想一些事情，或者为自己应该完成的功课着急。那是一种混合的状态，陷入沉思一段时间，然后再环顾一下周围，如此往复。（见附录 A 3.8.1）

当人们感兴趣时，观看或许会更专注。美丽或令人激动的场景会吸引人的注意力，并一直抓住人们的眼球。一名组员坐在公园的长椅上，看着池塘里的鸭子。她说：“就像在看一场电影。”（见附录 A 3.8.2）另一名组员讲述了自己全神贯注的经历。有一次看赛车，他的身体和注意力全都投入其中：

> 有三名赛车手在争夺领先地位，没人有绝对胜算。其中一辆是我朋友驾驶的，我为他加油。我全身心投入其中，站起身，跳着、喊着来鼓励他。看台上的人也都站了起来，尖叫着，挥舞着手臂。这是一种经历，我就像跳入了另一个世界，直到比赛结束。（见附录 A 3.8.3）

观看与活动或移动有关。人们通常不会去看不活跃的事物或地方。在以上例子中，人来人往的人行道、喧闹的鸭群、紧张刺激的赛车引起了人们的注意。有谁会去观看空旷的街道、荒废的池塘和寂静的赛道？

这些是中性的场景，通常不会俘获体验者的注意。

作为观看的反应，人们经常会动起来。雅各布斯说，“几乎没有人喜欢坐在门廊里，或透过窗子望着空荡荡的街道。很多人借助观看窗外街道上的活动，来让自己愉悦起来。”（Jacobs，1961：35）地方芭蕾是观看的焦点。人们被活动着的、喧闹的事物吸引。人既是观看者，也是地方芭蕾的参与者。雅各布斯说：“一个人的视线也会吸引其他人的视线。”（1961：37）她还描绘了在纽约百老汇看到的场景：

> 107 人们喜爱观看，有些人还愿意到各个城市四处看看。在纽约的上百老汇（upper Broadway），这种行为特点几乎达到了滑稽的地步。那里的街道被一个窄长条状的商场分开，商场位于交通要道的中央。商场南北向延展，许多长凳被摆放在商场前宽敞的混凝土广场上。无论哪一天，甚至是天气很糟糕的日子，这些长凳上都坐满了人，换了一拨又一拨。他们看着行人进出商场，看着车水马龙，看着人行道上川流不息的人群，看着彼此。

观看增添了地方芭蕾的活力。观看者不知不觉成为地方芭蕾的守护者，尤其是当他们有规律地参与其中之时。观看是自然而然的。人们有规律地观看着他们的地方，并不是要获得什么回报。他们或许会为路人提供帮助，或许会通知警察发生了事故。雅各布斯写道：“成千上万的人……不经意间守护了街区。他们关注着陌生人，观察着发生的一切。”（1961：38）

经常观看的人会对他们的地方感到熟悉且自在。他们在那里有“在家”的感觉，会感到对地方有责任，并会为保护地方而工作。只有在观看者—参与者了解彼此以及地方的规律时，这种对地方的关注才会产生。这些人能够在困难的时候相互支持，并愿意在地方受到某种形式的威胁时行使主人翁的权力。

观看扩大了所关注地方的范围。观看即详尽地关注身边世界，是一个人的兴趣被观看对象占据，而世界也接纳了他的兴趣。在通常情况下，观看并不是来自观看者有意识的计划，而是因为这个世界以某种方式自动地吸引并保持着观看者的兴趣。对于充满人类活动的场所，观看是必不可少的。观看要求某个地方维持恰当的公共行为。因此，有利于观看的方法也是有利于地方芭蕾的。第十九章将进一步讨论这种可能性。

第十四章

注意和强联系

> 我们走过一条小巷，而我以前从未留意过它，尽管我曾多次经过那里。我不知道是什么引起了这次我对它的注意。
>
> ——环境体验小组成员（见附录 A 3.10.1）

一、注　意

注意是忽然发生的。在注意力闪现之前，事物同我们是绝缘的。注 108
意既有自我基础，也有世界基础。个人的知识和经验可以调动后者。世界的一些突出的特质会点亮前者。

不协调、奇特、对比鲜明和富有吸引力（或它的对立面——缺乏吸引力）是所有激活世界—基础注意的特征。一名环境体验小组成员旅行穿越荒野时，在河里意外地看到一台“巨大的机器”。她说：“只有它让我们停下了脚步。它看起来个头太大，所以吸引了我们的注意。”（见附录 A 3.11.1）另一名组员驾车行驶在高速公路上，突然意识到已经进入特拉华州，因为道路的表面和颜色都变了（见附录 A 3.11.4）。第三名组员描述了一个闯入眼帘的景象，原野满是金灿灿的、新鲜的、丰收的南瓜（见附录 A 3.12.2）。还有组员忽然注意到一座银行大楼，因为它“是圆形的，设计很夸张”（见附录 A 3.12.3）。

世界抓住了一个人的意识，这意味着世界基础的标记被注意到了。附录 A 3.11.1 这则报告提到巨大的机器“吸引了我们的注意”，这一表达很好地浓缩了体验者的被动角色。这名组员已在荒山野岭中行走数日，她的注意力之所以直接被大机器占据，是因为机器与荒野的自然景象截然不同。她别无选择，不得不注意。

在个体意识中，基于自我基础的注意扮演着较为活跃的角色。这种注意通常涉及人想要深入了解的事物。对了解的渴望和需求为兴趣的产生提供了环境，有了兴趣，注意或许就会发生，但是并不必然发生。如同基于世界基础的注意，意识的紧迫感是自发的和意想不到的。

彩色阴影是日常环境中一种常见的现象，人们通常并不会注意到。[1]下述这份报告指出，基于自我基础的注意有两个不同的情景。一个是主动地去观察，继而有所发现；另一个是在不经意间发现。真切地看到彩色阴影的那一刻是突然而至、不可控制的：

109 我从前从未注意过彩色阴影，也并不知道它们的存在。后来我上了一门课程，花了很长时间研究它们，开始在思考彩色阴影的时候寻找它们。现在我经常留意它们，特别是在夜晚的街道上。可喜的是，我越留心，找到的彩色阴影就越多。我经常注意到它们。并不是说，我走在街上时会不断提醒自己：“嗯，现在该关注彩色阴影了。”相反，关注的念头是自然浮现在脑海中的。有时我很想看到，然后就真的发现了。有时，我只是在街上走着，突然就发现了它。它是自己跳到我面前的。好像是它们在向我展示自己，而我不用费力就能意识到它们。（见附录 A 3.13.2）

这名组员讲，有时之所以注意到彩色阴影，是因为他正想着它们，并积极地在外部世界中探寻。这个过程迅速流畅。他说："关注的念头是自然浮现在脑海中的。有时我很想看到，然后就真的发现了。"在其他时候则不可预期："我只是在街上走着，突然就发现了它。"

注意是不期而至的，并不遵循明晰的模式。对于同一个环境，不同的人会关注不同的方面。人有时会注意到某物，有时或许就不会注意到它（见附录 A 3.9.1、3.10.1）。上述的观察提到，注意有连锁效应："可喜的是，我越留心，找到的彩色阴影就越多。"训练和兴趣有助于控制注意力。但本质上注意是不可预知的，是在没有计划的时刻发生的。

内心的状态和注意力密切相关。积极情绪会提高注意力。一名组员对他拍摄的几张照片非常满意，而后花一个下午拍摄了更多的照片。他说："与平常相比，我关注到的事物多了很多。可能正是因为这样，我拍的那些照片呈现出来的效果也更好了。"（见附录 A 3.15.2）另一名组员在一场有意义的讨论之后精神焕发，发现自己穿过公园时会主动观察公园，并且有许多发现：

> 因为心情极好，所以我似乎发现了许多东西：池塘里的鸭子、 110
> 水面反射的色彩以及树木。我能更清晰地感受到它们。我注意到了身边更多的事物。（见附录 A 3.15.1）

消极状态也会提高注意力，但同时会凸显世界上令人不愉快和不安的部分。一名组员注意到，她在消沉的时候能闻到不好的气味（见附录 A 3.15.4）。另一名组员则会开始注意他人的缺点（见附录 A 3.15.5）。还有组员描述了一次购物之行，从细节上指认消极心态对注意力的影响：

> 上周四下午，我去日用杂货商场采购。那里每样商品看上去都很糟糕。商场没有我所需要的。因为我没有带身份证件，所以收银员不接受我的食物购买券。我十分懊恼。我每看一处，就能看到有一样东西，其细节表明了这个商场多么糟糕。我记得自己注意到四根巨大的金属柱子，上面是我正置身其中的商场的电子标志。我心中闪过一丝不悦，似乎在说："多浪费资源啊！在这个疯狂的国家里，所有人都知道这么做就是浪费。"我吃惊地发现，自己竟因为如此小的一件事就心烦意乱，但却并不能改变这种消极的情绪。我回到家，睡了一个闷觉。(见附录 A 3.15.6)

人们通过关注，让未知的世界变得可知了，而注意的发生无需积极投入或关注者的渴求。突发性和自发性是注意的必要特征。如果它并非人类与外界相遇的整合模式，那么我们应该积极地引导自己与世界的每一次专注的接触。这就像如果没有身体—主体，我们就要以认知指导自己的姿势和移动，从而将世界直接带入我们的意识。自我和非我通过注意瞬间融合在一起。

注意涉及人和世界之间直接的、有意的相遇，它比观看更倾向于融合的体验。图 14.1 显示了注意在意识连续体中的位置。有些观看可能比注意更强，所以我会将二者重叠，就像我将观看与忽视重叠一样。

111

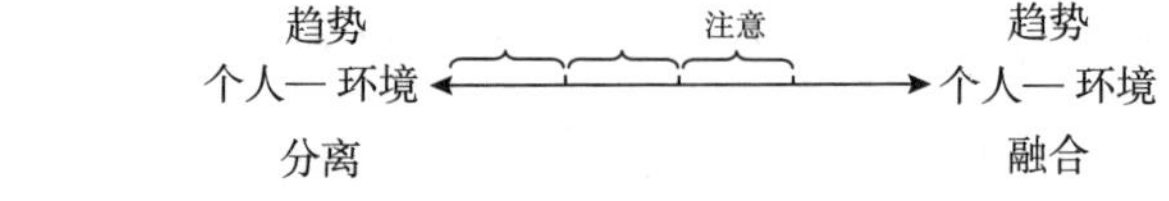

图 14.1　注意在意识连续体中所处的位置

二、强联系

当与外界有强联系时，人会感到心绪宁静、世界明亮。人自身的意识是清晰的，同时外部世界看起来更真实。试想以下情形：

> 我坐在常坐的长凳上，面朝两幢棕色的房子以及网球场后面的几棵松树。我经常在那里打网球。当我凝视松树的时候，太阳从云朵后面露出片刻，几只喧闹的鸟儿掠过房子。忽然，我觉得非常宁静，而不是内心阴冷。我感到平静，仿佛整个世界都是安静的，我看到世间万物也都是温暖的。（见附录 A 3.16.1）

> 在刚过去的夏日，有天我驾车穿过韦拉扎诺大桥[①]。忽然我心情大好，感觉与身边万物相处和谐。大桥矗立在那里，十分坚固。大桥结构的每个地方都值得品味。与此同时，我感到自己与桥有了某种精神上的联系。我站在桥上，这种状态一直延续着。我清晰地记得那个生动的场景。（见附录 A 3.16.2）

> 星期三，我去博物馆做关于夏克教派[②]的研究。我驾车在林木茂密的乡间小道上开了很长一段，可是在整个路程中我真的没有关注什么，我沉浸在自己的思绪中。行至博物馆，我继续沿着内部车道前行。这条道挺长，我最终将车停在了停车场，从那里可以俯瞰山谷。在走出车门那一刻，我有了一种强烈的体验。春日的暖风轻

① 原文为 Verrazano Bridge，又名 Verrazano-Narrows Bridge。它位于美国纽约市，横跨韦拉扎诺海峡。该桥是双层结构的悬索桥，以意大利探险家乔凡尼·达·韦拉扎诺的名字命名。韦拉扎诺是有记录以来第一位进入纽约港和哈德逊河的欧洲探险家。——译者注

② 原文为 Shaker，指美国的一个教派。夏克教派教徒禁欲独身，聚居一处，崇尚俭朴生活。——译者注

拂脸庞，我贪婪地感受着春天的气息，然后眺望面前的山谷。在那一刻，我理解了夏克教派的信徒为什么按自己选择的方式生活。在持续数月的研究中，我第一次感觉到，我能够理解他们对于秩序和美的热爱。此刻就好像那个地方的遗产融入了我的身体。（见附录 A 3.16.3）

112 这些报告有着共同的元素，那就是人与外部世界的和谐。“宁静”“看到世间万物也都是温暖的”“与身边万物相处和谐”“好像那个地方的遗产融入了我的身体”，这些话语都表明了“我”和“非我”的沟通。同时，体验者感到更加真实。这种存在的生动性被描述为一种内在的触动、精神的瞬间、对于时间和地方的敬畏之情。它们还指出了关注情绪和实体环境的重要性。在与外界接触的某个瞬间，一个人是平和的、包容的，是不被打扰的、开放的。带来这些体验的环境要素包括实体要素，既有水、植被、阳光、飞鸟，也有桥和美感。博物馆具有更宽泛的历史意义，能为强化人与外界的相遇提供重要的实体环境，这种巨大的、人们无法抗拒的环境或者地方扎根在历史之中（Krawetz，1975）。

在意识连续体中，强联系是相遇的一种形式，其大体上倾向于人与世界的融合（图 14.2）。人感觉参与到了世界中，成为世界的一部分。我将强相遇与注意重叠起来，因为注意的时刻可能导致强相遇。忽视和观看可能也会带来强联系，但这并不常见，也不充分。

113

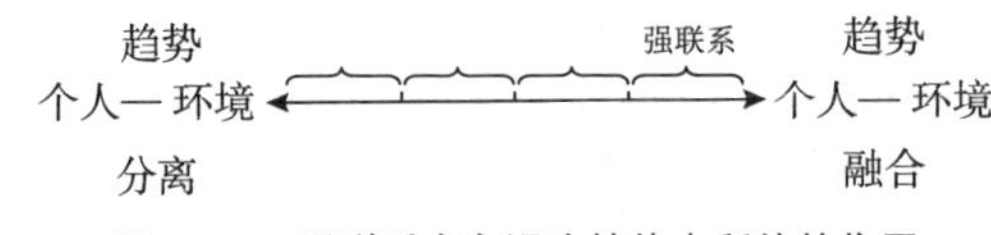

图 14.2 强联系在意识连续体中所处的位置

过去，心理学家和社会学家常常忽视或者不够重视强联系，认为它是“主观的”“神秘的”“虚幻的”或是“附带现象的”（Roszak，1969）。最近20年，一些研究者开始研究强联系，并视其为人类相遇的一种真实的、重要的模式（Searles，1960；Tuan，1961；Maslow，1968，1969；Roszak，1969，1973）。例如，精神病学家哈罗德·瑟尔斯（Harold Searles）定义了与环境相关的强联系（Searles，1960）。瑟尔斯认为，心理健康的人具有多种能力：减轻各种痛苦和焦虑、促进自我实现、增强个人对现实的感知、形成对他人的尊重和接纳。人文主义心理学家马斯洛研究过“高峰体验”（peak experiences），认为各方面都健康的人有时会有这样的经历：关注相似性以达到强联系。

> 这些体验多半同宗教无关，至少与寻常的、超自然论的意义无关。它们来自爱和性的美妙时刻，来自庄严的审美的时刻（尤其是音乐），来自才思泉涌的创造和创作的热情（有益的启示），来自母亲的自然生产或对婴儿的慈爱，或者来自女性对于孩子的喜爱，来自人与自然（森林、海洋和高山等）融为一体的时刻……（Maslow，1968：10）

强联系同行为地理学相关。正如马斯洛所言，它涉及个人之外的实体环境。我们需要充分了解实体环境如何增强或抑制强联系，或探究教育项目或技术的何种形式切实有助于强联系。

环境体验小组的观察表明，强联系和注意一样是不可预知的、突发的。举例而言，教育只是可以扩大关注的视界，就像建立立足于自我基础的注意一样。这种视界是实质性的领域，如颜色、植物、水和地形。强联系的形成离不开这些要素（Schwenk，1961；Seamon，1976a，

1978a；Grange，1977）。第十六章会进一步探讨这种可能性，尤其是它如何形成强烈的生态意识。[2]

【注释】

[1] 出现彩色阴影要有两个条件：（1）一个彩色的光源，如街灯投出的彩色光；（2）第二种光源照亮由彩色光源产生的影子，如第二束街灯散发出白色或黄色的光。彩色的光形成的阴影被第二束白光照亮，就会被补上色彩。如此，蓝光产生橙色的阴影，绿光产生红色的阴影。更多说明参见 Goethe，1970。

[2] 在许多传统的和所谓“原始的”社会中，强联系具有相遇的性质。李写道：“我们发现有这样的民族，他们不太‘寻求’与身边的自然相交融，亦不在与自然交融中寻找‘自身’。”（Lee，1959：164）许多这样的社群中甚至没有我们所理解的“神秘主义”一词。对于我们而言，神秘主义假定人与自然最初是分离的，人先是自我迷失，随后与疏离的自我合并，继而实现人与自然的交融。但是对于其他一些文化而言，并不需要克服自我和他者的分离。在他们的文化中，人早已在自然“之中”了，并不能确切地区分“人”与“自然”。这种相遇模式是一种延伸的强联系，参见 Eliade，1957；Nasr，1968；Moncrief，1975。

强联系或许还与儿童的自然体验相关，参见 Cobb，1977。

第十五章

基本联系、相遇和在家性

> 上周，我从宿舍去图书馆。一路想着，下周父母要来，我要做些什么；想着我们会去何处大快朵颐。忽然，我发现自己已经走上了山头。我竟然避开了上周下雨时形成的好多小水洼。我身体里一定有什么东西引导着我，让我绕其而行。尽管我并没用意识来注意每一个水洼，但是一定有什么指导着我的眼和脚，使它们协同工作。我看到了前方水洼，双脚直接跳过或绕过水洼。这一系列动作都发生在我陷于沉思之时。我并没有有意识地做这件事，但它自然而然地就完成了。
>
> ——环境体验小组成员（见附录 A 3.6.1）

一、基本联系

忽视、观看、注意和强联系都需要意识的关注。在体验者的意识中， 115
这个世界无论是内部和外部，都在一定程度上表现了出来。

有另外一种感悟被称作前意识关注，它像移动一样是基于身体的。我称这种相遇模式为“基本联系”，把它定义为身体—主体的“前意识感知能力”（preconscious perceptual facility）。基本联系与身体一起运转，促使身体的动作与周围世界相协调。不论我们更多的、有意识的感悟是忽视、观看、注意的瞬间，还是强联系的瞬间，基本联系都会扩展到前意识的感悟。在意识连续体中，基本联系被定义为一种波浪式结构。它处在多种有意识的相遇模式之下，并且总是向外扩展至一定的前意识关注（图 15.1）。

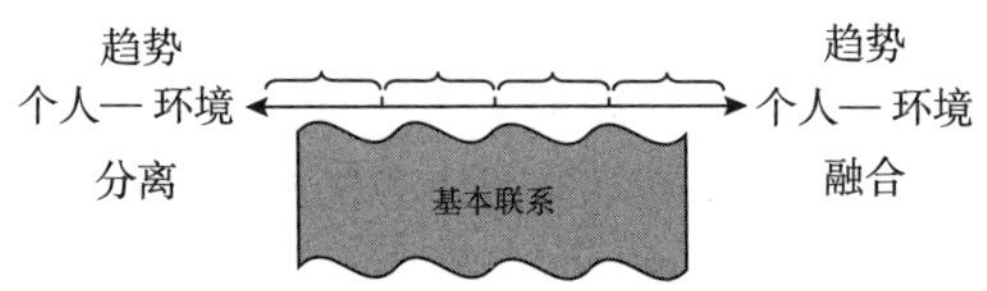

图 15.1　基本联系在意识连续体中所处的位置

116 让我们来审视一下本章开篇的观察内容。一名组员陷入沉思，突然感知到有什么东西在帮助和引导他绕开水洼。另一名组员正在想着明天要做什么，突然发现自己下意识地超了一辆车（见附录 A 3.6.2）。他说：“一定是我身体里的某个部分在留意着路况，并协调着我的动作来超车的。”基本联系就是“我身体里的某个部分”，它会自动地引导行为。它就像移动一样，是前认知的。例如，某人陷于沉思，并未察觉自己其实正在驾驶。

基本联系和移动的经验过程分不开。毋宁说，它们是感知—移动交互体的一部分。基本联系有助于移动，从而带来新的感知领域。这种相互作用延伸至个体和世界，在身体和其接触的环境之间并无分野。二者在个人和世界的辩证关系中即刻相遇，并在特定的时刻维系移动，为下一刻的移动做好准备。正如梅洛 - 庞蒂所解释的：

> 移动的每个连续瞬间，都不会忽略先前的瞬间，就像过去紧紧地融入现在一样。通常而言，一个人现在的感觉是他在当前位置的基础

> 上，与先前的位置融合而成的。过去与现在彼此包含。刚刚发生的位置也同样被当下的位置覆盖。所有这些都发生在移动的整个过程中。移动的每一个瞬间都被包含在它的整个跨度里。（1962：140）

身体通过移动和基本联系，被整合到习惯性的一般化模式中。这个一般化模式与身边世界有特定的关联。我们能够理解梅洛－庞蒂的观点，身体—主体的哲学就是感知的哲学，因为“它精确地借助了我们接触世界的身体，而正是通过身体，我们对自己体验着的世界有了感觉”（Barral，1965：119）。

行为主义理论和认知理论的局限源于这样一个事实，即感知被视作知识的一种模式，进而在客观主义的视角下被当作需要观察和研究的“素材”（Zaner，1970：131）。这些理论并未意识到，感知像移动一样，只有通过“过程”才能被了解。它是前意识的，是前目的性的，只能在自动展现时被看到。

这里所讨论的“感知”或“基本联系”是进入的模式。通过它们， 117
身体与世界相遇，习惯性的普遍态度与特定环境相遇。感知不能通过经验性词语来描述，诸如“感觉数据”“感知信息”“信息”等。它是一个永恒的辩证过程，一个永恒呈现在个人与世界之间的流，能够让人有效地管理并不十分复杂的姿势、移动和任务。

基本联系为更有意识的相遇提供了必要基础。例如，基本联系将驾驶动作和前方的道路自动综合起来，使我们在开车的时候能够将注意力投向秋叶、公园里的滑冰者，或者使我们可以在开车时计划次日清晨的活动、担忧住院的朋友。基本联系与习惯的力量是相互协调的，整合了我们日常生活的惯例部分。这也是为什么我们能够将注意转移至新的和不熟悉的事物上。若非如此，生活会彻底惯例化，我们对与世界的接触会变得充满惰性，无所感知。

二、相遇和在家性

基本联系是在家性的必要组成部分。它提供了感知的事实，而只有当世界以某种方式改变时，这个事实才会显现。在熟悉的办公室里，黑板常被写得很乱，擦干净后反倒让人有些违和（见附录 A 3.14.2）。熟悉的街道会因为一棵树被砍掉而让人感到不一样（见附录 A 3.14.1）。如我们所知，世界的改变会引起关注。变化的世界似乎与众不同、光怪陆离、风格迥异，变成需要被考虑和理解的事物。

根植蕴含着基本联系。感知场（perceptual field）是在有根植性的地方被人们自动了解的。一个人即便忽视身边的世界，他的行为仍会被一种协调性安全地引导。这种协调性是介于基本联系和身体、个人和世界之间的。然而，即使在最熟悉的环境中，移动和感知场都有可能并不同步。有人会突然吓一跳，甚至出事故（见附录 A 3.7.2）。例如，一名组员正思考着未来，不知怎的就撞到了路边的一个指示牌：

> 我并未注意到路边“严禁停车”的标志，经过它的时候肩膀被撞到了。我吓了一跳，但更多是因为奇怪，而非因为撞痛了。这个标志意想不到地侵扰了我的思考，这一撞似乎来自另一个世界。（见附录 A 3.7.1）

118 除了基本联系，在家性维持着一种特殊的、普遍的态度，渗透在人们的日常存在中，并影响着人们每日的相遇模式。一方面，在家性塑造了习惯性。习惯性是一种倾向，即一个人把自己的日常世界视作理所当然的，忽视新的或者不同的事物。习惯性与“不真实”这个涉及存在的概念密切相关。不真实是一种生活立场，持有这种立场的人并未完全正视世界，而是按照他听说的世界该有的样子体验之。雷尔夫说：“不真实是一种态度，它关闭了世界和人的可能性……它是刻板的、人为的、不诚实的、被他人规划的，而非直接的、反映了包含生存的所有方面的、真实的信仰体系。”（1976b：80）

另一方面，在家性促进了开放性。它是一种情境，其中一个人只有充分地理解世界，才能感到舒适和自在。开放性是不真实的存在的对立面。真实则是这样一种存在模式，即接受自身存在所要肩负的责任，并在与世界的相处中力求始终如一和诚实（Heidegger，1962：68；Langan，1959：17，21ff）。雷尔夫说：

> 一个真实的人在做所有事情时都是真诚的。无论是不自觉地参与到与世界直接且共同的关系中，还是不自觉地面对自己存在的现状，他都会做出真实的决定——是否改变自己的状况。（1976b：64）

开放性是通往真实的工具。一个开放的人会留心观察自己的日常世界，以及这个世界中的人、事和地方。开放包括对外部世界的关注。它与忽视无关（至少在其消极形式上无关），与观看、注意和强联系有密切的联系。最后两种模式与开放性尤为相关，因为它们揭示了世界未知的方面，或者说促进了相遇。

在家性有助于身心的修复，有利于相遇和发现，因此也培育了开放性。一名组员感觉宿舍没有家的氛围，后来搬到一个友好的环境中，她开始变得很快乐。在新的环境中，她有更多的精力参与新的体验，为自己打开了新的可能：

119 我的确注意到，有时我会因住的环境不舒心而没有精力做新的事情。我为生活环境心烦意乱，除了基本的、必须做的事情，我对其他任何事情都没兴趣。我重新上学的原因之一就是希望获得个人成长，即尝试新的事物。但是，公寓的环境令我沮丧，我不想做任何事。在这段日子中，我都没怎么努力学习。换了公寓之后，我因为与自己喜欢的人同住而感到开心。我拥有了更多的能量，可以投入新的事情中，重新唤起对生活的兴致。例如，我参加了陶艺课，去疗养院做护工。我的内心更加自由，这促使我积极投身于自我之外的事情。（见附录 A 3.17.1）

其他环境中的在家性也可以培育习惯性。在家性一定会让人有熟悉感——万事皆已了解。如果在家的人愿意的话，他的生活能够基本没有新的相遇和新的联系，同时自动地、不真实地进行着。重复和惯常会隔离人对世界的感觉。日常生活遵循着一种舒适的单调节奏。世界从未被质疑，或者被用新的眼光来观看。习惯性与忽视和观看相联系，很少与注意相关。因为强联系具有不寻常和高强度的特点，所以习惯与之根本不相关。

试看下面关于习惯性的例子。一名组员在同一个地方生活了若干年，开始觉得自己的生活是一个机械的过程。在这个过程中，她没有发挥自己的能动性。她觉得有必要摆脱这种状态，否则就会永远这么活下去：

我很轻松地拥有了一切。我有工作、有朋友，住的地方很舒适。问题是每件事都“过于”美好，生活毫无新意。一天，我突然意识到自己的这种处境，害怕起来。我发现自己将这样虚度余生。我告诉自己：“你必须摆脱这种一成不变的生活。”我决定重新回到学校，

来做一次改变。（见附录 A 3.17.2）

习惯性和开放性均为美满生活的必备佐料。习惯性会促进秩序的生成，增强连贯性。我们不会总是在求索新鲜事物和世界不可预知的方面。大多数时候，我们必须做当下急需完成的事情，如上班、洗衣服、铲雪。习惯性使我们可以快速高效地“捕捉”这个世界。我们以此保存能量，维持生存状态。时空惯例、身体芭蕾和地方芭蕾都是习惯性的基本要素。相反，开放性能让人超越自己。一个人接触了世界的新内容，就会成长。让世界的未知变成已知，接受原本喧嚣和无序的领域，使之扩展为在家性的一个方面，如此，一个人便扩展了自己的人性。

习惯性一旦压制了开放性，就会变得消极。例如，牢固的日常惯例 120
会让人忘记生活还有其他可能性。当开放性延伸至一个人能力所及之外时，它就会变得潜在有害，可能将人带入危险的、超出自身能力把控的体验或地方。海德格尔说，真实是生活的目标，而非自身的终结。“事实上，真实的存在有时仅仅是一个理想。人们厌恶日常生活中的暗淡现实，而它则能给出方向。”（Langan，1950：25）在家性具有双重力量，它既有利于习惯性，也能促进开放性。它是使真实成为可能的背景。在这个意义上理解在家性和相遇，可以阐明存在的真实模式的性质，帮助希望探究它的人。

第十六章

环境理论和环境教育的含义

> “知识问题”……自从笛卡尔时代起便困扰着西方哲学界。知者与被知的关系一直是一个问题，因为针对体验到的、真实发生的方式，我们的理解竟变得出奇地愚蠢。甚至（或者说特别是）在现代领军哲学家的著作中，关于生命意义的讨论也极其平淡无味。在他们眼中，体验既没有力量，也不复杂……我们的哲学经常会陷入一些关于“感官数据”的书生气十足的讨论中。在一个精明的认识系统中，他们将“感官数据”抽象地构想为论据的集合体，这些论据可以客气地道出事实，人们只要等在那里就可以了。
>
> ——西奥多·罗扎克[①]（Roszak，1973：83）

标准的心理学和哲学通常会减少与感知的接触，感知是在讨论因果 *121*
和机械论时所用的术语（Keen，1972：90）。一方面，行为主义者将感知理解为对外部环境的连锁反应，认为世界上存在着重要的感知结构，即环境作为刺激物。另一方面，认知理论家将感知视为以控制论方式运作的信息链，认为存在重要的感知结构，即认知破译装置存在于人的内部。

现象学并未采用这些武断的解释，它将感知作为一种体验。在现象

---

① 西奥多·罗扎克（Theodore Roszak），美国历史学家、作家、评论家。——译者注

学看来，必要的感知结构既不存在于大脑中，亦不存在于外部世界。感知是一种动态的内外关系。它是人与世界之间、身体与环境之间多样的、波动的联系，这种联系时强时弱。

因此，若描述人们关注世界方式的多样性，“感知”一词并无用武之地。或者说，基本联系可以更恰当地描述身体—主体的前意识感悟。这一点是梅洛－庞蒂在将“感知”纳入其主要著作《知觉现象学》的标题时所想到的（Merleau-Ponty，1962）。“相遇”能很好地描述人们有意地接触世界的方式。相遇是一种多方面的注意，注意程度时高时低。相遇包括所有形式的忽视、观看、注意和强联系。在更多的有意注意的模式之下运行着基本联系的稳定流，它遍布四个过程，除了最容易忽略的时刻，身体和世界、动作和周围环境始终保持着流畅的协调（图 16.1）。[1]

122 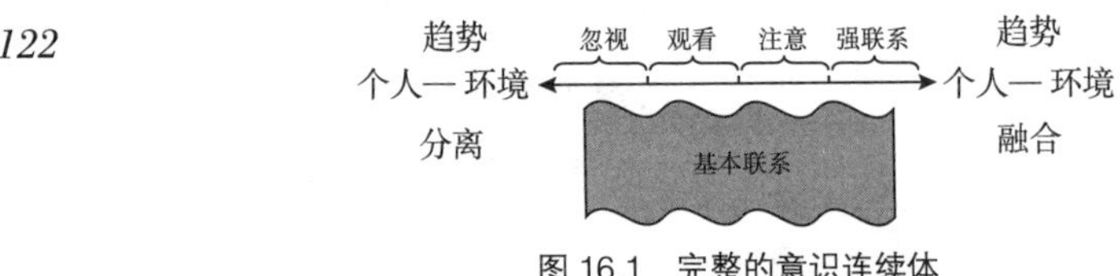

图 16.1　完整的意识连续体

一、传统的感知研究：以景观评估为例

景观评估工作能很好地证明许多传统的感知研究如何忽视了各种各样的相遇模式。景观评估工作试图确定实体环境质量，特别是确定哪些更吸引个体或群体。人们理想生活中的房子和社区是什么样的？（Michelson，1966）水、植被或人造环境的存在和配置如何影响对某种自然景观的评估？（Brush and Shafer，1975）不同个性和不同社会—

经济背景的人对同一景观的感知是否不同？（Craik，1975）

在操作层面上，这类研究通常让被调查主体去看真实的景观，或者用照片、幻灯片或沙盘模型来展示。主体被要求描述和评价这些真实的或被表征出来的景观，方法是形容词打分法、语义差异法或类似的测评方法。统计学检验被用于得出分析结果，以确定个体或群体的偏好和变化。这类研究有助于环境规划和政策拟订，能提供景观偏好信息。这些信息还能用于土地利用和环境设计的决策（Zube，1973）。

以现象学视角来看，景观评估研究很容易受到批评，因为它忽略 123
了体验者与景观相遇的方式是多样的。相遇是有“情境”的。在不同时刻，我们的环境体验不同。例如，当驱车到达莫纳德诺克山（Mt Monadnock）时，我疲惫不堪，以至于忽略了周围的环境，浪费了整个上午。开始徒步后，我很快就感到神清气爽。这时，大自然展现在我面前，我开始关注之前忽视的事物。

当一个人被要求实际评估真实的或模拟的景观时，他面对的是人为的情境。在这种条件下，景观偏好研究消除了人与这些景观相遇情境的多样性。主体扮演的关注者角色是以人为基础的，是虚假的。他只是因为研究人员的要求才做出评价的，他的判断会受到描述性特征的影响。问卷或语义差异分析牵引着他的注意力。如果他以自然而然的心态去看环境，或许从来不会留意某些环境品质。

景观评估研究将相遇变为一种评估活动。对同一主体来说，他在某一天可能切实地观看、消遣、途经或忽视某个景观，而每种状态都会产生景观意义，但是这些意义或许与他在评估时提供的信息毫无关系。这些研究未能抓住相遇的流动性，将其多样性转化为静态的、客观的术语。总的来讲，这类研究认为，一个实体上吸引人的环境只有一种与人相遇的条件。罗伯特·布拉什（Robert Brush）和埃尔伍德·谢弗（Elwood

Shafer）即得出结论：如果植被茂密、水体面积大、未被植被覆盖的土地面积小，那么这样的景观被喜欢的概率就大（Brush and Shafer，1975）。虽然环境的实体特性会影响注意和强联系，但它们对自身来说并不必要，或者也不充分。正如我们已经了解的，其他因素也会强烈地甚至极为强烈地影响相遇，如人的内在状态和过去的经验。

有观点认为，因为风景是一种资源，所以需要财产清册和估价。埃尔文·祖比（Ervin Zube）① 认为："我们必须辨识风景对于多数人的意义表现在哪些方面。"（1973：130）这里的尴尬在于，景观的意义并不必然带来相遇。如果我对特定景观的评价是"美丽""具有挑战性""清洁"和"绿色"，那么这并不意味着在某一天，我徒步穿过这片景观时发现的"狂野""荒凉""危险"和"嶙峋"[3] 等，其价值比前述景观特征的价值低。绝大多数获得很高评价，且在制度上被认可的景观都具有美丽、富有吸引力的特点，然而丑陋和反差巨大的景观或许可以促使人们去接触那些被评为高分的景观。毫无疑问，保护那些"美丽的""清洁的""芳草如茵的""绿色的""峻峭的""自然的""宁静的""阳光明媚的""树木茂盛"的景观是必要的。[4] 这类环境对许多人而言都非常重要。景观评估是有价值的工具，可以为景观的重要性排序提供验证。祖比写道："与基于情绪或个人感情的描述相比，定量的数据更多体现的是环境决策者的权重。"（1973：130）

124 保护被标记为具有重要属性的景观，并不意味着体验者总是会以他们当初标记景观时的方式接触这些环境。就此，我们必须认识景观意义的其他方面，如景观和体验者之间交流的媒介，它或许会引起体验者的观看、注意、强联系以及忽视。

除了保护引人入胜的、被赋予刻板印象的景观外，我们还应当关注

① 埃尔文·祖比，美国环境行为研究者、景观评论专家。——译者注

那些使人们对所有环境都变得敏感的方面，不论其表面上是否有吸引力。首先，这样的教育使得人们了解与自然环境接触有许多种方式。其次，它能创造新方法，提升人们观察和体验的能力，从而使所有年龄段有感知能力的人都能够经常发现并深入了解事物的美，即使这些事物第一眼看上去可能是粗陋的、微不足道的、令人不快的（Roszak，1973）。我们自身能形成这样的敏感性，能发现貌似寻常的地方所拥有的意义和美吗？在城市中，上述教育非常有价值，因为城市中所谓“引人入胜”的环境并不多见。

二、教育和接触环境：微妙的经验主义

以环境相遇的形式开展教育需要考虑人的感悟模式。感悟模式可以 125
延展到对身边世界的理解。既然观看是一种新的方式，那么注意、强联系、开放性和真实也就变得重要了。一个人应努力了解身边的世界，并真实地面对它。他的目标是以世界自身的方式领会世界，而非按照他人所告知的方式。雷尔夫关于地方真实体验的文字涉及这种接触环境的方式。在用感知观点和文化过滤器诠释和描绘地方之前，应该首先关注世界自己的呈现方式：

> 我们理解，真实地对待地方的态度就是……直接地和实实在在地体验地方身份的整体复杂性，而非通过一系列非常武断的社会途径和学术途径来得知我们应该如何体验，因为这些途径会修改和扭曲体验。当然，也不能遵照刻板的惯例来体验。（Relph，1976b：64）

存在许多促进开放性和真实相遇的方法和技术。绘画、舞蹈，以及其他艺术形式或许是最有价值的工具，可以促进人与世界方方面面的情感联系。[5]

对于强调认知理解的教育来说，有一种恰当的方法，那就是歌德的科学工作方法。第二章已经讨论了歌德在验证人际关系时是如何运用这一方法的。歌德痴迷于自然世界，并用这样的方法探究了诸如光、色彩、植被、岩石和天气等现象。在他的那个时代，为突破传统科学的理论、分析和测量的局限，歌德发展了一种调查模式，并称其为“深度思考”（Höhere Anschauung）或者“细致的经验主义”（zarte Empirie）。歌德的方法是以体验来认识事物，即促成一个强联系的时刻。在这样的时刻，人们能发现和认识事物的本身，而不是用已有的定义、分类或标签来认识它。

细致的经验主义的主要目的是通过经验接触来理解事物。歌德写道：“‘纯粹经验’（pure experience）应根植在自然科学中。”[6] 他认为，这样的“纯粹经验”会出现在灵感突发的一刻。在这一刻，人们以更深刻、更生动的方式了解了事物。歌德说：“通常，这样的一个例子比其他上千个例子更有价值，因为它包含了事物内部的全部。”人们的任务就是用身体与事物相遇，通过观察力和理解力，渗透到事物的各个方面。

细致的经验主义利用观看和注意，聚焦于特定的事物，最终目标是抵达人与事物相融合的强联系时刻。关怀包含其中，要求人们对事物有敬畏感。例如，生理学家在研究老鼠时，不应只是无动于衷地看着它。他也不应操作和掌控它，或随意改变它的样子。当然，歌德认为：“自然事物应作为其本身被找寻和研究，而不是适应观察者。要将之作为神灵来敬畏。”

126 细致的经验主义致力于引导一种开放的精神，并通过训练和强联系关注外在的事物。细致的经验主义与现象学类似，按照这种方法，人们必须努力营造感受事物的氛围。它也同海德格尔的栖居精神紧密相关，有利于人们更深刻、更清晰地了解事物，从而在与其相处时有更多的在家的感觉，产生对这些事物的责任感。

三、基础生态学

行为地理学的分支领域是研究人类对于自然和实体环境的态度。[7]细致的经验主义和类似的方法已经进入这一分支领域，促成了格兰杰所称的“基础生态学”（foundational ecology）。基础生态学彰示出一种尊重和关心实体环境的态度（Grange，1977）。格兰杰说，基础生态学同当下主要的生态意识不同，后者被他称为“红利生态学”（dividend ecology），代表一种基于恐惧和经济威胁感的环境态度。

> 红利生态学只从投资和回报的视角考虑人类和自然的相互作用。常见的红利生态学的标语是“请勿乱丢垃圾”“保持此地清洁”“请做贡献”等。红利生态学蕴含一个简单的讯息：如果持续破坏环境，我们将走向毁灭。它的动力源于恐惧。这是一种消极运动，试图制约我们的贪婪，减少我们对于自然的侵害。从长久来看，这种理解生态的方式几乎没有作用，只会强化我们的环境灾难意识的基本模式。（1977：136）

格兰杰认为，我们必须形成“基础生态学”的观念。它是一种环境 127
责任感，源于我们的良善和对于自然世界的尊重。谈到海德格尔，格兰杰认为，基础生态学就是栖居的一个方面，它是构造栖居模式的努力方向。这些模式体现出人类必要的、真实的方式。这种方式促使人们向自然开放，而非因看到人类的终结而进攻式地重建自然。栖居不是为了我们的孩子，或出于红利生态学列示的无数原因，去保护“荒野”。相反，我们寻求栖居，是为了更加接近自己的内心世界（1977：148）。

格兰杰说，基础生态学并非意味着我们放弃技术，或者返回到原始状态。反之，它也许可以改变我们“建造世界、组织世界”的方式，并使我们以更加人性化的、更加环保的方式来运用技术（1977：147）。这便回到了海德格尔的思想，他认为在建造之前，必须知道如何栖居。这也意味着必须用在家性取代无家性。格兰杰总结道：“基础生态学就是采取一种与自然相关的方式，让自然向我们展示它自己，鼓励我们在理解自然的意义的基础上遵从自然，并居住在自然中。（1977：148）

在实践中，像歌德所说的细致的经验主义可以促成基础生态学。它会使我们对自然或人类世界的某个方面变得敏感，如云、植物、岩石、地方或其他。西奥多·施文克（Theodore Schwenk）的《敏感的混沌》（*Sensitive Chaos*，1961）就是一个重要的例子，该书运用歌德的方法分析了水。施文克认为，过去人们对于水有敬畏之心，这是一个事实，但是也体现出一种缺乏主体自觉的生态观。随着时间的流逝，人们的态度发生了转变。如今，人们“不再仅看到水之‘存在’，也不再单单考虑其自然价值”（1961：10）。施文克通过文字、绘画和照片证明了水有其本质的特征，这些特征被描述为波浪、涡流和涡环。他认为，通过这种方式观察和研究水，人们或许会重新关注水，并关爱水资源。

【注释】

[1] 显然，相遇模式并非仅有这里所讨论的模式，还有注视、观察、研究等。和其他模式一样，这些模式也存在于人类意识的各个方面，未来关于相遇的现象学方法或许有助于我们区分和澄清事物。

[2] 这些词汇源自克雷克的景观形容词表（Craik，1971：138-139）。

[3] 克雷克发现，可以从他列出的形容词比较条目中选出 240 个人们频繁使用的词。

[4] 有一个例子是尼格拉德斯（Nicholaides）的《绘图之自然方法：艺术研究的工作计划》（*The Natural Way to Draw：A Working Plan for Art Study*，1949）。该书提供了一系列绘图练习，以提升学生的美术能力，以及他们对于所画事物之强联系的理解。若应用于环境主题，这些练习或许可以激发人们对自然的热爱。

[5] 参见 Seamon，1978a。

[6] 对这一分支的概述，参见 Ittelson et al.，1974。

第五部分

寻找整体

书生回首生平路，
往昔岁月再回顾。
生命之树根蔓延，
仅在世界一小处。[①]

——段义孚（Tuan，1974b：100）

① 在志丞、刘苏合译的段义孚著作《恋地情结》（商务印书馆 2018 年版）中，此段译文为：现代人征服了距离却没有征服时间，因此也只能像先辈那样，终其一生在世界当中找一个很小的角落去扎根。西蒙将此句重新断句，呈现为诗的形式，因此这里也以诗的形式译出，并突出段义孚的个体感悟。——译者注

第十七章

移动和静止

> 我认为，在考虑地方时，我们要将其置于两种相互移动的背景中。这两种移动在大多数生命形式中都能够被观察到，就像呼吸一般自然。大多数生命形式都需要“家”，以及从这个“家”向外“延伸，抵达天地之间的尽头”。有生命力的相互作用包括：移动与静止、守土和拓疆、安全与冒险、放牧与农耕、建立小社群和加强社会组织联络。这些经验在行星地球的居民中或许是普遍存在的。不论一个人是基于自身的思想水平考虑，还是在社会网络或“家”的立场上考量，也许都会有一种方法，能让他测量与家、与家之外的地方的相互作用。
>
> ——安·布蒂默（Buttimer，1978：19）

现象学通过探讨局部来理解整体。这里的整体是日常环境体验。我 131
们已经讨论了移动、静止和相遇，它们作为整体可以用一个三合一的结构来表达（图 17.1）。一个“三合一”（triad）是“一个联合体或三元组”（Webster's Seventh，1963：945）。我称这种表征为“三分体”（而非“三角形”），这一术语表明各个部分的相互作用形成关系整体，正如音乐的三和弦。[1] 前几章的内容就可以被表述为“环境经验的三分体”：

——人们在身体上和感情上依恋着他们的地理世界；

——这种依恋就是在家性；

——在家性维持了一种不言而喻的具有连续性、预期性、秩序性的模式；

——无论人们移动还是静止，他们都在与地理世界相遇；

——相遇有不同的程度，说明人们或者是世界的一部分，或者远离世界。

本书最后一章会详细讨论移动、静止和相遇之间的多样化关联，目的是更好地理解其三重关系，更好地理解前面各章的主题在宽泛意义模式上是相互交织的。

132

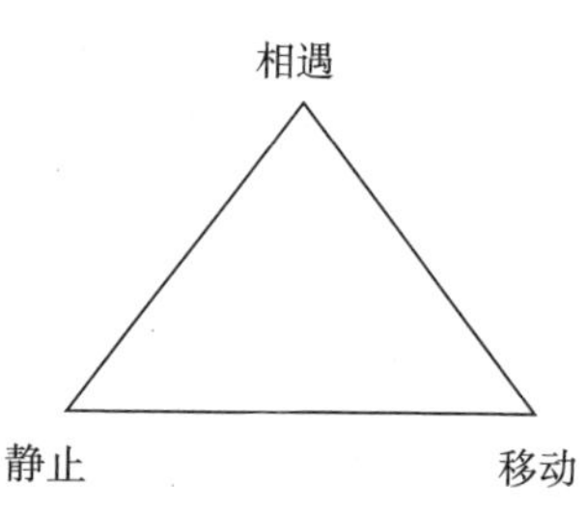

图 17.1　环境经验的三分体

任何经验或现象之现象学都不能被全面地判断。正如一个学生举例称，他在行进中发现了更广泛的或更细微的意义和结构，这些为他的探索提供了潜在的新路径。本书之后的章节会讨论一些并非由环境体验小组直接引出的主题。我在写作过程中的反思催生了这些主题。就此意义而言，以下所述模式和主题并非全部来自主体间的探索，它们属于我正在探究的主题。或许某个时候它们会变成环境体验小组探究的焦点。

一、移动和静止的辩证关系

移动和静止不是孤立的现象：它们是辩证共存的。[2]二者之间有一种持续的张力，从而产生一系列结果。建筑师阿尔多·凡·艾克（Aldo van Eyck）说："人既着眼于中心，也着眼远方。"（转引自 Norberg-Schultz，1971：33）移动之后会静止，静止之后再移动。这种辩证关系如图 17.2 所示。

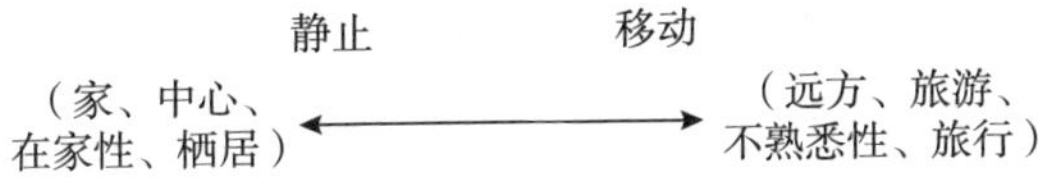

静止 ←→ 移动

（家、中心、在家性、栖居） ←→ （远方、旅游、不熟悉性、旅行）

图 17.2 移动和静止的辩证关系

静止与中心、家和在家性有关。静止揭示出，人们需要熟悉的、有 133
秩序的空间和环境。静止是指移动中的人停了下来，以此保证继续体验。人在静止状态中常感到有安全感和隐私、不用主动、能陷入沉思等。

静止的最深层体验是栖居。"地方"一词就是指人与人、人与自然汇聚在一起。栖居的世界是有规则的，这些规则以循环发展的关照和关爱为基础。正如贝恩德·雅各（Bernd Jager）所说，这是一个"周而复始的世界"：

> 栖居的、周而复始的世界有周期性的节奏，也就是某些时间点反复出现。例如，季节更替，生死相继，春播秋收。再如，人们见了一面又一面，事情做了一遍又一遍，庄稼收了一茬又一茬，赋税交了一回又一回，人口更新了一代又一代，万物生生不息。这个世界给了脆弱的生命一个落脚的地方，通过一次又一次与其建立温和的关系，而让人体会到照料和关怀。（1975：251）

与移动相关的是远方、奔赴和陌生。移动具有积极的特质，如搜寻、新奇、探索、警惕和拼搏。通过移动，一个人拓展了关于距离、地方和经验的知识，开始对远方有了空间上和经验上的熟悉感，而在此之前，远方是看不见的，是模糊不清的。移动有助于将地方和环境融入人们所熟悉的世界中。在这个意义上，移动拓宽了在家性和栖居的范围。

雅各以旅行为例讨论了移动。他发现，旅行不仅是旅游、探险和观光活动常用的话题，而且是知识、艺术和精神探索的主题（1975：251）。旅行将人从栖居的、稳定的世界中带出来，让人知道何为进退，何为今昔，并促使人迈向新的道路。旅行会使人产生新的想法和体验：

> 旅行使栖居的、生生不息的、周而复始的、圆环状的世界变成一条路，这条路也像细长形的世界。在这条路上，人们可以看到独特的时间变化、出乎意料或不可复制的事件，以及陌生的民族和地方。这些人和地方人们常常一生只见一次……旅行在年和季节的移动循环上打开缺口，使世界进入一个演进的线性模式。在这个模式中，时间世界收缩为前后关系，或前进和后退的关系。在这里，起点不再位于时间循环的某点，而是位于人的身后。未来直接展现在人们眼前，“不一样”成为可能。（1975：251）

134 移动和静止是辩证的，能体现对方的一个侧面。它们不是相互排斥的，而是经常包含着对立面的特质。例如，健步是一种移动，人每天都走着有规律的路线，通常不存在冒险，也没有陌生感。然而，它也许能让健步者精神焕发，得到休整。这说明，表面看上去是移动的动作，实际上也具有静止的内在功能。静止和移动并存，共享各自的特点。

移动和静止的辩证关系遍布各种时空领域。在某种意义上，我们的地理存在可以被比喻成一系列连续的停顿，以及在所有时空尺度上的开始。例如，我在椅子上静静地坐了一会儿，然后到另一边喝了杯酒；家庭主妇清晨在厨房里忙碌，之后“转移”至门廊织东西；一家人每周日都驱车到一小时以外的地方，“停下来”共进午餐；店主一年中有五十个星期住在商店楼上，每年五月都要回希腊“度假”两个星期。按照这种描述方式，生活就像一个钟摆，在移动和静止之间摆动。通过移动，人们离开了地方或离开了理所当然的境况，将视野拓展至别处。静止是为了转向其他中心。通过休整，人们为下一次探险做好准备。移动和静止都要求有其对立面的存在，从而保证自己的存在。

巴什拉（Bachelard）和雷尔夫都认为，移动和静止具有内外辩证关系。巴什拉指出：“内部和外部是辩证体的两面，这种清晰的几何体束缚着我们……内部和外部密不可分，随时准备向对立面转换。”（转引自Relph，1974：49）雷尔夫举了一个简单的例子：“人们走出城市，进入乡村，然后再返回城市。”（1974：49）一个让人静止的地方（如乡村景观）会随着时间推移而失去吸引力，这时人们就要回家，家是另一个静止的地方。从体验上看，“内部”一度成为“外部”。正如巴什拉所述，这种频繁的“对立转换”是人的一种地理存在，它是持续的、不可避免的。在某种程度上，正是这种对立转变使人们在日复一日的生活中既获得了稳定，也尝到了刺激。

所有特定的地方都有自身独特的内部和外部的阈限，如停留和离开 135
的阈限。例如，我早八点到办公室，晚五点离开。如果多在办公室留一个小时，那么我会感到疲劳、焦虑或不适。换言之，我的办公室五点后失去了内部性，被另一个地方——我的家——取代了。类似的例子是，我会在上班地点附近的餐馆喝杯咖啡，小憩一下，但通常不会超过半小时。若超过半小时，我便开始觉得不自在，不由自主地想回到办公室。

可以通过了解移动与静止、内部与外部、栖居与旅行的辩证关系，来审视一个人生命的全部。人们变换所待的地方，可以被解释为对移动和静止的需要。人们在某个地方待多久后会移动到其他地方？我们可以按照小时、天和年，以及青年、中年这样的人生阶段来观察。这些时间阈值一部分是由情感—主体决定的，情感—主体在一段时间后会感到不适、厌倦、神不守舍，或类似的向外或向内的情绪驱动。身体—主体（至少在较短的移动和静止时段内）也能发挥作用。在某种时空惯例的影响下，身体—主体会自动将人移动到其他地方。

身体有自己的时间感，一旦达到某个时间阈值，身体就会习惯性地移动。当这个时间阈值被过度延长时，强烈的情绪就会被情感—主体激发。认知可能偶尔中断时间阈值的体验过程，从而使一个人在某地待更长时间，或者更早离开。更常见的情况是，内部和外部、动和静的相互转换是自动发生的，日常惯例的进行中存在有意识的定向。

二、移动和静止之间的平衡与失衡

在个人或集体的生活中，移动和静止的失衡会引发尴尬、不适或压力。正如雷尔夫所提到的：

我们关于地方的体验，特别是关于家的体验是辩证的。它平衡了留下和离开这两种需求。当其中一种需求过快地被满足时，我们要么会泛起乡愁，忍受生命无根之苦；要么有被压迫之感，产生被囚禁的忧郁。(1974：42)

除了雷尔夫指出的压抑感和囚禁感外，过度的静止或许还与孤独、 136
退缩、单调沉闷和褊狭守旧相关。科尔斯在书中描绘出阿巴拉契亚山区人们的肖像，他们的生活就是受时空极度限制的例子（Coles，1967）。在一定意义上，那里的人处于封闭环境中，难以应对外面来的人和事。过度的移动会影响休息，也可能导致雷尔夫所说的乡愁和无根之感，以及受伤、疲惫、思乡或走得太远的感受。科尔斯还描述了美国南方外来工人的境况。他们不再静止，变得没有根，对地方和家都了解甚少。科尔斯认为，这种无根性是导致悲惨生活的重要原因，对儿童影响尤大。

许多动物也会通过居住的地方表明自己的身份。对于领地，它们或占有，或觊觎，或放弃——以便找到新的土地，获得新的控制感、自我满足感和统治权。人天性中的一部分就是寻求或需要在一个地方根植，并为了根植、地方归属感以及那些被认为是“我的”“你的”和“我们的”地方而拼搏……但是还有另外一种情况，它表明人类退化到较低层次。我们有成千上万的孩子完全处于一种无根的生活中，在美国的土地上流离失所。他们有时作为童工参加收割，却从来都不知道哪片土地是他们的家园；也不会想到他们可以是任何人，但就是没有家。(1967：116)

移动和静止、内部和外部、栖居和旅行……彼此包含，相互支撑，而令人满意的生活意味着这些对立面的平衡。雅各恰当地总结了这种平衡，将其描绘为栖居和旅行的对等以及相互渗透：

> 旅行就是脱离栖居状态，栖居就是旅行中的停顿。道路和炕头、旅行和栖居相互映衬。倘若缺失一方，另一方就不能保持结构的完整。旅行如果与栖居彻底分离，就会变成漫无目标的游荡，沦为令人心烦意乱的事，甚至更糟糕……旅行需要一个出发地作为特定背景，通过与这个背景做对比，旅行者才能发现新世界。家乡、祖国、邻里和父母的家，它们共同形成视觉感官基础。没有这个感官基础，人们就会有无家可归之感，就像是双目失明。同时，若不是旅行使人口的更新成为可能，栖居也就不能维持其活力和生存能力。不与外界联系的社群会衰落，会在近亲繁殖中不断萎缩。近亲繁殖的主要原因是阻断了对外联系的路。不与外界联系意味着断送了未来。完全生活在过去无异于自杀。有了旅行的渗入，栖居的范围才不会萎缩。(1975：249)

137 对于不同历史时期不同的个体和群体，移动和静止、栖居和旅行之间平衡的确切本性无疑是不同的。尽管如此，这种平衡也总是以某种形式存在的。人们若要更好地理解这种平衡，首先要了解自己生活境况的性质，继而才能够思考其他人生活中的各种平衡，以及如何同其他人开展比较，并改变原来的自己。

【注释】

[1]“三分体”和“四分体”的概念源自英国哲学家本内特的著作，他在书

中对这些概念做了简要讨论（Bennett,1966）。本内特发明了一种可称之为“系统分类学”（systematics）的方法，即通过数字来度量重要性，然后探索整体。

[2] 辩证有许多含义。在这里，我采用该术语的如下含义：“两种相互作用的力或要素之间的张力。”（*Webster's Third*，1966：623）本内特称这种辩证的关系为“二分体”（a dyad），解释二者“处于紧张的状态”中（1966：23）。

第十八章

惯常的三分体

人就是他所在的地方，地方就是在其中生活的人。虽然两者在术语上可以区分，但是在经验上并不容易分开。

——雷尔夫（Relph，1976b：34）

人与世界的相遇发生在移动与静止、栖居与旅行之中。相遇与移动、 138
静止的结合可以借助图 16.1 所示的意识连续体来表示，即将之对折展开，创建图 18.1 的四分体结构（tetradic structure）。“四分体”（tetrad）是指“四个事物作为一组或组合在一起的形式”（*Webster's Seventh*，1963：913）。就像三分体一样，这应当被视为动态过程的表征，而非静态形式（Bennett，1966：19-37）。

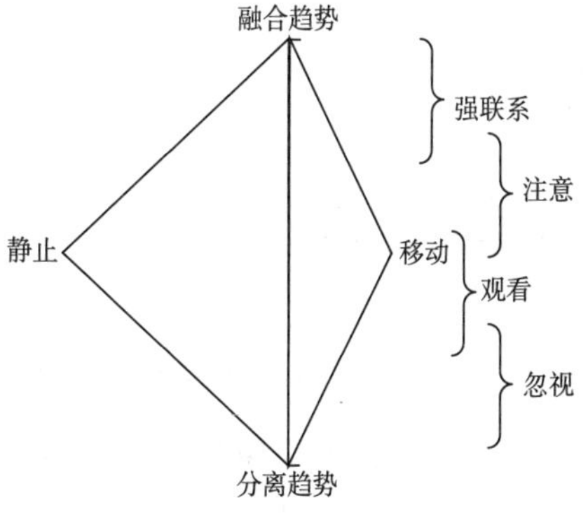

图 18.1　环境体验的四分体

139 仔细审视环境体验四分体，人们会注意到这是由两个分开的三分体构成的。一方面，它表示移动、静止，进而趋向分离；另一方面，它表示移动、静止，进而趋向融合（图 18.2）。前面提到的三分体，可以被视为“开放的三分体”，常涉及相遇的各种模式，如强联系和基于人的注意。通过这些相遇，人们能够了解身边的世界，并有更多的发现。很明显，体验的和基于环境的教育与这个三分体有关（参见第二十章）。

另外三分体被称为“惯常的三分体”，包含的相遇模式是：忽视、无目标的观看和基于整个世界的注意。这些模式常与理所应当之事和惯常之事相关。这种三分体是针对环境设计的，特别是在与环境设计、地方芭蕾相关的情况下（参见第十九章）。

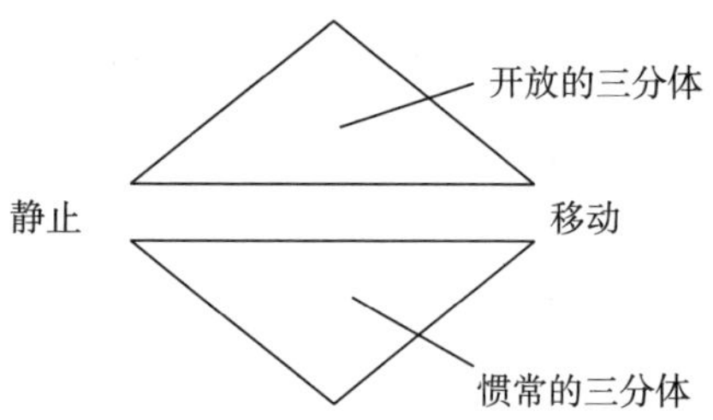

弱化的现实感（对世界和自己）

图 18.2　开放的三分体和惯常的三分体

一、两个三分体和普通人

140 相对于惯常的三分体，开放的三分体更能反映原始存在。通过开放，人拓宽了可把握的世界。开放与移动不同，移动指人在新地方、新情境中延伸自己的体验。当然，开放拓展了个人的视野，促进了人对世界更细致的理解，让人更关注世界。开放的作用是让人“消除隐藏的、模糊不清的认识障碍，使自身发展不受阻碍”（转引自 Vycinas，1961：42）。

惯常的三分体描述的是习惯性的移动和静止的世界。它属于身体—主体、情感—主体和惯常的范畴。在这样的世界中，人对身边的世界不太留意，对世界的理解通常是通过观察或注意环境而获得的。生活鲜有改变和更新。在海德格尔看来，这个三分体与“普通人”（common man）的世界相关。人们并不为自身而同世界交互，而是通过他人的表现和口述深化自己的理解：

> 一个普通人的存在并不是自己的自我，而是另一个自我。这个自我是以自我依赖的状态存在的。普通人在自己确定的时间去工作。工作结束后，他就做些开心和放松的事。他会找个合适的时间去度假。他阅读该看的东西，避免做不该做的事……所有的普通人、单独的人、非特定的某个人，他们共同讲述着文化……普通人的支配力趋向于一致性和公共性（每个人都与他人一样是一个普通人，都是一个自我。普通人的所有表现都清晰地表明，它们是由公共性规定的，普通人不需要以自身来引导自己的言行）。（Vycinas，1961：42）

开放的三分体和惯常的三分体相互之间并不排斥，而是彼此相连。借用海德格尔的术语，普通人的时间是在开放的三分体中度过的。普通人不时看到甚至更强烈地感受到理所当然的世界在变化。同样，一个人经常，或许多数时候都在争取更真实的存在，他会发现自己被习惯围绕，自己的时间为日复一日的基本生存需求所填充。开放的三分体和惯常的三分体反映了意识和相遇这两种不同模式的辩证关系。而真实存在之所以能够发生，是因为人意识到自己经常处于非真实的存在状态。正如文森特·维西纳斯（Vincent Vycinas）所说：“人们需要借助于非真实存在的方式所提供的基础。只有在这个基础上，存在的真实模式才能被建立起来。真实性是对非真实性的修正。”（1961：42）

二、惯常的三分体和无地方性

141 开放的三分体和惯常的三分体对行为地理很重要，它们揭示出研究环境行为和经验的两种相互补充的路径。惯常的三分体指出生活的方式是理所当然的、机械化的。研究者如果聚焦前反思，聚焦日常生活的实事方面，就能够研究好这个领域。普通人通常不愿意改变，不愿意让他人干涉自己生活中已确立的行为模式。世界（主要是自然环境）的性质非常重要。为了让世界更好，而非仅仅为了自己更好，人们经常做出调整和改变。通过改变，地方或许能变得更加真实。

雷尔夫指出，在远古时期，普通人也会不断地创造出一个个真实的地方。普通人是在无自我意识的情况下这么做的，这么做也具有时代的典型性。那时的普通人应对自然的能力受到技术上的限制。因此，他只能用双手（人类动物性中代表原始能力的双手）就地取材，创造出人类尺度的地方。这并非深思熟虑的过程（1976b：68）。雷尔夫还说，在原始的和传统民族的建筑资料中能够找到这样的图景，如欧洲前工业化时期的农村（1976b：68）。雷尔夫最终的结论是：

> 地方既与环境相适应，也与创造地方的人之意向相符合。地方有明显的、深厚的身份含义，这种身份来自独特的群体，他们在特定环境中共同营造了地方。

雷尔夫说，不管在什么时代，总有一些地方被人“长期居住着、使用着和经历着”，因此具有真实性（1976b：71）。雷尔夫指出，由于发达的技术、大众传媒和政府集权，普通人的地方现在不再真实了。它们没有了地方性。郊区发展经常是无序的，但又是千篇一律的；异化的公共空间的每个时间点既属于每一个人，又不属于任何人；假日酒店或一些连锁企业的建筑外观，看上去一模一样。这些企业只会考虑投多少钱，用多少资源，几乎从不考虑所在地的地方性和那里的人。

如今的地方很难再有什么原真性，因为它们通常不是由那些与地方 142
有利害关系的个体来建设的。与地方利益相关的人会关注和关爱这个地方，甚至范围更广的地区。一个人的地方依恋源于他生存和生活的地方。未用个人名字冠名的公司或公共机构，产生不出像个体那样的地方依恋。它们对地方的关心是低层次的，即出于经济动机，或关心那些并不指向特定人的“公共福利”。雷尔夫指出，其结果是“除了偶然有一些地方感外，它们几乎没有什么地方发展的内容，因为它们对地方的认同只是在这里制造产品，而这些产品并没有地方性，只有普遍性，制造过程其实与地方无关”（1976b：140）。

世界上不断加剧的无地方性能够有所改善吗？有能够还原个体的和集体的地方感的实践吗？确定地方价值的一种方法是地方芭蕾。地方芭蕾包含多个方面，之前的章节已有讨论，现在则需要将它们综合为一个整体。

第十九章

作为整体的地方芭蕾

> 老城看上去似乎缺乏秩序，其实每个地方都运转良好。它具有一种不可思议的、复杂的秩序，维持着城市的自由。事实上，那里路边的人行道上有形形色色的活动，总是被各种目光留意着。这种秩序充满移动和变化。尽管这些活动是生活，而不是艺术，但我们或许可以想象它们就是一种城市艺术形式。我们可以将其比喻为舞蹈，但不是那种简单的、动作精准的集体舞蹈，即大家在同一个时刻踢腿、旋转和鞠躬，而是动作错综复杂的舞蹈，其中既有各个舞者的动作，也有整体的动作，个体之间互相映衬，组成一个井然有序、统一和谐的整体。
>
> ——雅各布斯（Jacobs，1961：50）

如今，若要重现独特而真实的地方，首先需要自觉了解人类环境经 143
验，其次需要通过生活方式和建筑设计，将这种理解转化为行动。我们要意识到栖居先于建筑，意识到社区毫无疑义地根植于地方。这两点可能促成的这样的景观——既体现多样性，也体现人类、环境和价值的协调统一。

这样的改变不可能突然发生，甚至永远不会出现。一些人将无地方性视为中立事物，或视为平等、繁荣和进步的标志。对于他们而言，这样的改变似乎是倒退，或是无关紧要的乡愁想象。然而身体、情感和栖居的需要表明，对体验而言，地方比无地方更为重要。倘若如此，我们可以充分探究，如何在实践中生产出更多的地方。

本书最有价值的实用概念是“地方芭蕾”。我认为它是在家性和栖居的基础。地方芭蕾的基石是人的时空惯常和身体芭蕾在空间上的综合。虽然地方芭蕾可以吸引不定期进入的参与者，但核心是那些惯例的运用者，他们具有前反思的、身体的规律性。地方芭蕾发生在房间、廊道、城市公园、街区、购物中心，甚至整个小镇、城市或地区。在空洞且乏味的大片景观中，地方芭蕾可以成为活动的堡垒。由于景观和活动彼此关联，所以它们可以相互渗透，形成充满活力的、动感的和富有社区感的环境。[1]

144 本章主要探究地方芭蕾的本质特征：吸引力、多样性、舒适度、独特性、邀约感和依恋。需要讨论的是，地方芭蕾是包括全部特征，抑或是包含部分。

本章的讨论主要基于我自身的反思，因此是试验性的。[2] 概念和想法最终需要通过现象学研究来厘清和修正，这些现象学研究包括在不同时间和地点、不同环境规模中发生的特定的地方芭蕾。读者如果用自己熟悉的地方芭蕾中的相关主题来思考，就能更好地理解本章。你所熟悉的地方芭蕾是否具备我所提到的特征？在何种程度上具备？是否还有其他特征？实体环境的独有特征是维系了，还是打乱了地方芭蕾？

一、吸引力

一个地方若要有人气，就必须吸引人们前来。快餐厅提供咖啡和食物；商店出售商品；公寓给居住者一个家；繁忙的街道向可能成为观察者的人提供活动和事件。通常，没有人会去一无所有的地方。雅各布斯说：“我们当中的大多数人之所以认同一个地方，是因为我们使用过它，并觉得它既合情合理，又十分亲切。我们的双脚走遍这里，我们的生活指望着这里。”（1961：129）在所有的地方芭蕾中，使用地方是关键。

地方吸引人之处是活动的焦点。“指靠某地儿活着”和“就在这儿干”是日常的口语表达，它们反映了活动的重要性。人的活动就是空间移动，就是所发生的事情。例如，一个行人在街角与人闲聊。两个人有规律地在一个空间中出现，这便是地方芭蕾，但是这样的地方芭蕾强度不够。一个地方有规律地聚集的人越多，地方芭蕾就越活跃。当然这只是一方面。人越多，活动就越大，就可以吸引更多的人以及更多的活动进入这个地方。

如果活动强度超过了地方的支持能力，那么地方芭蕾的吸引力就溢出了，将出现人满为患、空间拥塞、服务不佳、商品匮乏等问题。这些问题会以不同的组合形式相继发生，破坏地方芭蕾，劝退部分参与者。再往后，地方会恢复它所能支撑的和谐状态和活动强度。

规律性形成了吸引力。地方芭蕾组织了时空过程，转变为身体—主 145
体每日都要重复的需求，如买食物、吃午餐、买邮票[①]、洗衣服、回家。在雷尔夫定义的存在的内在性中，规律性是其有机组成部分。通过这些规律性活动，地方拓展了在家性的空间范围，并使参与活动的人感受到地方是深入内心的（1976b：55）。换言之，规律性增强了地方吸引力，

① 在 20 世纪 70 年代的美国，寄信是每日生活的基本活动。——译者注

因为人们在情感上需要地方和时间都具有持续性和稳定性，而地方芭蕾能够满足这样的需求。

当实体设计以某种方式（如增强美感或物理舒适度）令一个地方具有吸引力时，它便直接提升了地方魅力。因为地方芭蕾的关键就是前反思的规律性。然而，如此直接的尝试或许是肤浅的，其影响转瞬即逝。如果设计改善了实体环境，能保证对实体环境有不同要求的活动都能在这里开展，那么地方就会提高吸引力。这种混合利用的设计将活动参与者汇聚起来，便于大家互动、打招呼和一起生活。

有两种技术途径非常有价值。第一种是促进沟通，目的是让人们的活动混合在一起。例如，大厦的入口较少，这样可以提高人们进入大厦时碰面的可能性。在公园四周种上灌木，并留出几个缺口，这样人们只能从有限的几个缺口进入公园，而非像过去那样可以随意进入公园。这样设计的结果是，公园的使用者会更喜欢彼此见面。促进沟通增加了在空间中走来走去的人们碰面的机会。

第二种是营造中心，即建立能吸引许多人前来的中心，如集中式信箱①、洗衣房、就餐区、集市广场、中央喷泉。雅各布斯说："最好的中心是为人们所搭建的舞台。"（1961：195）尽管有些需求很简单，如吃东西、喝水、洗衣服、付账单，以及餐后小坐，但是它们是有价值的活动，可以围绕这些活动营造中心。在传统文化中，是不是就有许多地方芭蕾出现在人们取水的地方？暂不考虑面积大小，在超市里我们是不是经常碰到那些在别处不可能碰到的人？

---

① 一个大信箱包括多家的小信箱，大家取信时可以碰面。——译者注

二、多样性

通常而言，吸引力的关键在于多样性（diversity）。多样性即地方为人们提供了多种理由来使用它。如果没有使用的理由，人们或是觉得去那里很傻，或是根本不去。人们去一个地方的理由越多，去的频次就会越高，该地方的吸引力也就会被使用者放大。试着想象一个受师生欢迎的休息室。它通常承担着许多功能。它是一个能让大家放松的环境；一个人若要见系里的秘书，必须经过那里；师生在那里喝咖啡、削铅笔、将带来的午饭放进冰箱、取信件；它还是放置复印机和配页机①的地方。上述活动或多或少是有规律的。因为这些活动提供了到休息室的多种理由，所以人们会对这个空间感兴趣。休息室赢得的美名是“见面的好地方”。 146

通常，一个地方越有多样性，使用者就越多。以街区和城区为例，雅各布斯认为：“人使用一个地方的时间和目的是不同的，但是多样化设计可以保证人们共用这里的设施。”（1961：150）一个地方多种多样的使用功能就像是锚，将人们吸引到此。雅各布斯认为，这样的地方具有“基本多样性”（primary diversity）。社区内的住宅、办公室、工厂、特定的教育和娱乐场所共同体现出基本多样性。在休息室里休息、取寄邮件、煮咖啡或从那里经过，这些活动共同体现了休息室的基本多样性。

另外，地方芭蕾经常包含雅各布斯所称的“次生多样性”（second diversity），即响应基本多样性活动的那些功能或企业（1961：162）。餐馆、快餐厅、书店和工艺品店是街道尺度上的次生多样性的例子。在休息室与人会面，或做意见调查，这些体现出休息室的次生多样性。

① 配页机是 20 世纪 70—80 年代美国大学普遍配置的办公设备，现在许多高端复印机也具有了配页功能。——译者注

在实体设计时加入混合利用有助于增加多样性。如果参加某项活动的人不能与参加其他活动的人擦肩而过，他们就不能彼此接近。人与人之间的协同是靠个体活动的分享形成的，而分享指一个人从原来的活动转向另外的活动。与单一利用的空间相比，混合利用的空间可以吸引更多的潜在使用者。雅各布斯强调，在街道或城区的尺度中，混合利用对形成良好的地方芭蕾至关重要，至少大城市是如此。她还强调了其他三个因素的重要性：小街区、建筑具有年代和条件的差异、人口充分集中（1961：178-221）。这四个因素如何体现在特定的街道芭蕾中？在其他环境尺度上，这四个方面对应的表现是什么？这些都是未来现象学研究值得探讨的问题。

三、舒适度

147 舒适度包括心之怡然、身之便利。它意味着人在一个地方的移动和活动是自由的，不会因为外部设施或规则（如电梯、锁和钥匙、红绿灯、安检、门卫）带来的侵犯感而有所延误。移动若是轻松和流畅的，那么地方芭蕾就是成功的。

人们通常喜欢在一个地方自由活动，这样才觉得来这个地方值得。下述情境是人为造成的停顿和启动，妨碍了特定活动的自然流动性，如等候电梯、安检、被电话召集。人为干预太多会阻碍地方芭蕾的流动性。

司机和行人在等待红绿灯时经常情绪焦躁，这说明舒适度十分重要。移动通常是一个平滑的过程，中途只会在有理由的情况下停止。若要让移动减少卡壳，或有安全保障，一些装置和流程或许是有必要的。

但是从经验上看，它们其实会妨碍移动的自然模式，即阻碍移动以一种平滑的流动进行。

因此，舒适度与体验的本质与人的尺度有关。在有些地方，人的行为被分解，或者需要依靠技术设备超越身体的移动能力。这些地方的地方芭蕾通常不太成功。例如，摩天大厦、购物中心、超市和其他集中的大环境，它们都会带来不同程度的不适，因为人的身体无法应付这些环境，必须依赖外部的支持，如自动扶梯或扩音系统。这些地方经常让人产生不舒适感的另一个原因是，存在太多的人为障碍，如前台接待员、安检，以及只有用特殊磁卡才能打开的门。

适合人身体尺度的，以及不用机器就能触及的范围才能让人感到舒适，如建筑的楼层数可以步行到达；企业之间的距离足够近，便于彼此联系；建筑的内部构造能让人们方便地判断出其他人的位置。地方的舒适度多数是自然形成的，是人用双手建成的，而不是靠复杂的技术设备。这些设备的环境尺度远比人依靠自己双手建设的实体环境的尺度大。同理，个人和群体在自己拥有的地方中居住、活动，因此他们更倾向于营造让自己舒适的环境，而像企业或政府机构这样的非个人组织，通常要营造具有规模经济优势或满足集聚需求的环境。

四、独特性

独特性指能够赋予地方芭蕾认同感的那些特质，即可以在更大的环 148
境中显现出它是一个独特的实体。“氛围”“特点”“地方感”和其他类似的词语都捕捉到了独特性的本质。

独特性在某种程度上与地方的物理特性有关，如清晰标注的边界、鹅卵石铺就的街道、流经中心区的运河、时尚的装饰物、得天独厚的位置或者非同寻常的地标。更重要的是，独特性同人和地方的活动相关联，正是这些活动形成了地方独特的规律、活力和氛围，从而吸引新的使用者——后者会有规律地一拨拨前来。

独特性通常会得到发展，这是因为最初的地方自然而然地就是一个人日常生活的背景。如果出于什么原因，地方芭蕾具有了特殊的映像，那么地方之外的人就会来参观，或许他们自己也会成为地方活动的常规参与者。例如，一个具有独特性的民族邻里区会给其中绝大多数人“在家”的感觉。对于游客和其他外人来讲，该邻里区就是一个明确的观看对象。当外人的数量超过自认为是当地“内部人”的人的数量时，那里的地方芭蕾也许会开始消逝。地方也可能主要为了旅游业，自我再生产出一种地方芭蕾，如新奥尔良的法语区。

“原真的独特性”（authentic distinctiveness）会以自身的方式和节奏有机地发展。特定地方的人和事件形成了独特的生活整体，随着时间的推移，它逐渐呈现出自己的特点，并在使用者的认知意识中变成一个地方和名称。与此相反的是“虚假的独特性”（inauthentic distinctiveness），即核心实则相同，它们表面上的不同通常是为了在经济上获利。例如，郊区住宅区的商铺在颜色和外墙纹理上各有特色，每栋都试图与众不同。但是从本质上讲，它们都是标准化、同质化的沿街商店。例如，甜品店前立着甜甜圈的巨型塑料商标；牛排店呈现出西部牛镇[1]的风格。

149 成功的地方芭蕾会不断产生真实且自然的独特性，这是因为当地

① 原文为 cow town，这类小镇是美国西部牧业区进行牛交易的小镇，在本书作者工作的堪萨斯州最为典型。——译者注

人、外面的人、发生在此的事件与地方不断进行着结合。而不真实的独特性可能让人们对地方产生怀疑，或不在意它。通常，造假的策略只是暂时起作用。随着时间的流逝，一个地方的生存或衰落取决于两个方面。其一是它作为一个地方的本质属性；其二是它与所处的更大的环境的关系，地方是在这个关系中找到自己的位置的。

独特性的产生方式是有机的，不是被直接规划或管控出来的。或许最好的方法是提供资金并出台政策，让当地人可以按照自己的方式和进程来发展地方。理想条件下，行动计划应由内部的人自行制订和执行。这一过程会促进局内人的地方参与感，增加对地方的关怀和关注。

五、邀约感

成功的地方芭蕾是乐于邀请那些想要进入的人的。地方展现出内在感。潜在的使用者在局外人的角色中发现了自身，由于感受到被邀约而考虑加入地方芭蕾。邀约感在地方芭蕾中举足轻重。感受到地方邀约感的人，也许会一次又一次回来。地方芭蕾的邀约感越强，它的吸引力就越大，反之亦然。

独特性是形成邀约感的要素之一。地方芭蕾之所以能够展现内在性，是因为它与周围的环境截然不同。一些人由于直接或间接地了解到地方芭蕾的独特性，所以会萌生进入这个地方的意愿。邀约感与地方芭蕾边界的性质极为相关。具有渗透性的边界允许外面的人轻松地进入。这种自由让外来人知道，自己只要到了那里，便进入其中了。敞开的门窗、可轻松漫步的街道、从场所内部发出的各种声音、一览无余的地方景色，这些都形成了可渗透的边界，方便外人轻松进入。相反，紧闭的大门、车辆疾驰的宽阔街道、单调的外墙和没有视觉、听觉或嗅觉吸引力的东西……这些不是将人拒之在外，就是将人与地方隔离。

技术设备通常会削弱地方芭蕾的边界的渗透性，作用很明显。车流、高速路、大型建筑的高墙也都是人们难以穿越的边界，或者只能以极大的努力跨越之。空调是另外一个例子。使用空调需要关闭门窗，于是窗户又被大型电子屏幕取代。路上的行人几乎不能感受到商店以及其他建筑内部的事物。因为内部和外部没有产生连接，所以外人感受不到内部邀约的拉力。建筑内部的人或许感受到舒适，但是这种舒适的代价是放弃了将自己作为整体的一部分。

六、依　恋

150 依恋指参与者对地方芭蕾的责任和奉献。依恋与在家性、栖居密切相关，涉及不吝惜、保护、关怀和关切。例如，一个人自动停车，清理掉路上的垃圾；或者诚实地告诉快餐店的收银员早餐吃了什么。正是依恋让这些真实的行为自发产生。有依恋感的人会本能地关心地方。他们感到自己与地方有利害关系，感到地方是自身的延伸。同时，他们觉得自己更像人，拥有超越自身个体需求，去关注地方、承担义务的体验。他们认为自己是更大的人类群体的一部分，是地方共同体的一部分。

人们依恋的地方常局限于人力所及的尺度。若要使人们对整个商场、整个大楼、整个航站楼有关爱之心，或萌发责任感，这几乎不可能。依恋的基础是，无论所有权是个人所有还是集体所有，所有者都关心他们的地方，因为地方是他们自身的一部分。使用者意识到了这种关心，并做出善意的回应。一些无地方性的环境被无名股东或匿名公众拥有，而他们几乎没有一个人会把地方放在心上。这些地方经常遭到破坏、亵渎，建筑破败，设施失修，卫生条件恶劣。它们有时会招致厌恶和恼怒，使用者则会感到无助和疏离。公共住房就是这样的地方。

随着依恋的枯萎，地方芭蕾的力量亦在减弱。此时，人们使用地方仅仅是出于实际的、为我所用的目的。在这种地方，拖延、故障、商品有瑕、服务糟糕司空见惯。没有什么人来处理这些问题，人们不太可能面对面地解决争议或不满。当然，人们要达到和解，可以通过法庭或其他一些与人情无关的方式。例如，住宅区边上一个商店的店主被女顾客起诉，起因是商店所雇的男孩没有认真清理店前路面上覆盖的冰雪，导致该顾客摔伤了腿。如果这里已经形成了地方依恋，那么这位女士可能会温和地接受这次事故，男孩或许会因他的失职主动承担较多的责任。依恋的丧失会导致恶性循环。若一个地方有关怀之心和责任感的人逐渐减少，那里的地方依恋会进一步被侵蚀，其地方芭蕾中那些脆弱的、不依赖于规定的秩序也将瓦解。最终，这个地方会变成另一个地方，成为阴暗的、死气沉沉的空间。

依恋在个体心中生长，也像地方芭蕾的其他特性一样不能直接形 151
成，需要通过人们参与活动和经历事件而得到间接培育，这些活动和事件使得人们活跃地参与其中，体验分享的感觉。例如，一起大扫除，一起参加绿化活动和年度庆典，或其他有固定日期的仪式活动。这些活动会让人们有一种参与感，并感到自己属于一个共同体。

七、地方芭蕾之形成

规律性和多样性是地方芭蕾的标志，二者的平衡呈现出地方的韵律，即活动的快慢和强弱。特定的地方有独特的韵律，其节奏变化可以用小时、周、季度等来度量。将地方芭蕾划分为若干可叙述的小节不乏探索价值。与现实中的节奏相比，这种人为的划分使得地方芭蕾更加整齐、精确。雅各布斯在谈到街道芭蕾时写道："在真实生活中，总有一些事物是一直延续的，因此地方芭蕾从来不会停止，并且总体效果是平和的、从容的。"（1961：54）所有地方芭蕾都包含如下的辩证关系：可预测和意外、规律和惊奇、平静和活跃。

地方芭蕾是脆弱的。它的模式并非来自有意识的规划，而是源于一群前反思的人，而这些人通常并未意识到他们一起创造了地方芭蕾。只有当地方芭蕾被削弱或者被破坏时，其成员才会意识到自己参与其中。此时，他们会惊讶、愤怒或惋惜，但是已经太迟了。地方芭蕾一旦被破坏，几乎就不可能恢复。

布蒂默认为，在规划地方时必须考虑两种互补的观点。其一，将地方本身作为当地居民和使用者的生活世界（地方内部人的观点）；其二，超越地方本身，将之作为与更广泛的地区和社会—经济环境相关联的点（地方外部人的观点）。布蒂默曾提到，正式的规划过于强调地方外部人的观点，即"站在一个抽象的位置上"来看待一个地方，以地图、模型的图像语言来解读景观文本和外显的行为（1978：20-21）。地方内部人又通常只考虑影响他们的、特定的地方问题，忘记了地方是处于更广阔的社会—经济环境之中的。布蒂默指出，我们需要的是生活在地方中的人和那些希望为他们做规划的人之间的对话。对话面对的最大挑战或许是教育："呼吁人们进行有意识的思考，既针对两种观点中那些自认

为理所当然的想法，也针对那些理所当然的实践方式。然后超越它们，迈向更合理的、相互尊重的对话。”（1978：21）

在培育这样的话语的过程中，地方芭蕾很重要。地方内部人在他们 152
认为理所当然的地方构成中有了新发现。他们根据自身的经验，意识到了地方芭蕾的价值，并希望维持现存的地方芭蕾，继而培育新的内容。地方外部人意识到，在他们的管辖权之下存在各种地方芭蕾，他们制定规划和政策是为了保护地方芭蕾，并将地方芭蕾的活力融入更大的环境整体中。

最终，由于人们日复一日的参与，地方得以持续存在。布蒂默指出：“重要的哲学问题和实用问题都取决于，允许居民在地方设计中扮演何种潜在的角色，并创造性地表达什么内容。”（1978：29）理解地方芭蕾是一种途径，地方内部人可以借助它在地方营造中发挥更有效的作用。他们开始意识到人与地方之间的内在秩序，并力争创造一个生活世界，这个生活世界可以支持以宜居环境为基础的令人满意的人类生存。

【注释】

[1] 雅各布斯在对哈德逊街的地方芭蕾的描述中，提供了地方芭蕾混杂和融合的迹象：哈德逊街的地方芭蕾体现在许多方面，如居住在那里的生意人和女人能“不可思议地、时机拿捏得极为精准地招呼到出租车，因为出租车是更宽泛意义上的城市清晨仪式的一部分，它们将乘客从中城拉到下城的金融区，又将下城的人从金融区载往中城”（1961：51）。关于区域尺度上的地方芭蕾，最有代表性的例子见施坚雅关于中国农村集市的研究（Skinner，1964）。施坚雅解释了商人规律性的流动模式，展现了他们如何从一个地方转移到另一个地方，从而产生了买卖聚集地——集镇。

[2] 本章的许多观点都源于雅各布斯（Jacobs，1961）。尽管她说她的观点仅适用于大城市，但是其中的许多要点亦可运用于其他背景和其他环境尺度的地方芭蕾。对地方芭蕾感兴趣的学生的首要目标应该是精读雅各布斯的这本书。

第二十章

促进理解的教育：环境体验小组评估

> 昔日庐山貌难识，
> 走出庐山方可知，
> 观察全球新法持。
>
> ——彼得·魏斯[①]（Weiss，1966：46）

过去的地方芭蕾源于普通人日复一日的努力，而普通人的行为是融 153
在惯常的三分体中的。地方芭蕾是生活世界理所当然的一部分，它们自然地发展，无需先知先觉。而今，地方芭蕾很少自发地生长了。它们的发展需要用第十九章提到的类似的方式，需要人们有清晰的探究。

在生活世界成为注意的对象时，环境体验小组进入了开放的三分体状态，努力扩展和强化与世界的相遇。开放的三分体涉及更敏锐的观察、更深邃的理解。例如，一个人看到一个地方的时空惯常和地方芭蕾后，会思考如何才能让地方芭蕾更好，会更仔细地观察日常生活世界。对于这个人而言，地方芭蕾不再是日常生活中理所当然的环境，成为按照合

---

① 彼得·魏斯（Peter Weiss，1916—1982），瑞典剧作家、小说家和画家，主要剧作有《马拉与萨德》《调查》《关于越南的讨论》等。这段引语前两句的直译为“过去人们是想抓着自己的头发提起自己，如今重要的是走出自我”。——译者注

理的方式运行的事物和过程。此时，他或许已经开始意识到自己对于地方有了关心和责任。

环境体验小组在开放的三分体中形成了相遇的方式。小组的基本目标是现象学探究，小组成员充当了探索日常环境体验基本维度的媒介。与此同时，许多组员感到对地方有了更深的理解（附录 B）。描述小组进程的报告从两个方面强调了探究的重要性。其一，体验可以让个体开窍，使之了解自身生活世界中那些未知的方面；其二，体验可以成为评估传统社会科学和教育之理论和概念的工具。

一、点化生活世界

154 生活世界是理所当然的日常世界。由于持一种自然而然的态度，有人会忘记生存可能并不是这样的。他们并非真实地生活着，因为他们接受的只是表象，未曾深究表面之下的东西。一个努力进入开放的三分体的个体，可以透过他已接受的表象深入地发现自己，以及他所设想的世界。环境体验小组便以此为目标。

人被点化的过程有不同的表现方式。一名组员讲述了她对开放和分享的需求，尤其是对孩子：

> 我的身体活动中有一种我从未见过的美，它呈现在流动的秩序和安置之中。有时，我觉得自己所在的地方（如我的家、我的学校）和所处的环境（如我对他人的需求、我对隐私的需求）是一个全新的世界，我很欣赏所有这些东西，我对它们在我的生活中所扮演的重要角色有了更深入的了解。我想分享我的兴奋。帮助他人（尤其

> 是孩子）理解这些东西的想法，给予了我人生的意义。我觉得自己以前从未见过或关注过这些东西。（见附录 B 评论 1）

另一名组员认为，小组探究过程是她学术生涯中“很重要的经历”，使她获得了对日常经验和行为之本质的新知（见附录 B 评论 4）。她认为，理解关于自我的知识非常有价值。通过小组探究，她开始接受这样的观点，即或许存在人类经验的本质模式，如人们认为中心和习惯很重要。

小组的其他报告也强调，小组探究在发现关于自我的知识上有重要作用。“我一直坚持做小组作业，它已经成为我日常生活的一部分。”（见附录 B 评论 5）“它让我总能以不同的方式思考问题。”（见附录 B 评论 12）“新收获的知识如今指引着我的环境经验观。”（见附录 B 评论 7）一名组员深度总结了小组的敏感度，尤其是记录了个体对相遇更好的理解：

> 完全出乎意料的一瞥，竟成为塑造我行为的最基本的力量，这令我兴奋。我进一步认识到，自己根本无法控制日常的许多动作。我感觉到尝试采用不同的方式，对于我自身的体验非常重要，就像是理解一种很难改掉的习惯，如啃指甲；或者像是弹奏一支新的钢琴曲，力图更好地呈现每个有难度的片段。在刚刚过去的这个暑假里，我不得不适应新的居住环境，而环境体验小组的发现对我很有用。这让我能够认识到惯常、中心和熟悉路径的重要性，并能够有勇气做新探索……
>
> 这个暑假最让我感兴趣的是忽视的现象。我通常事后发现，自 155
> 己无数次陷入某种情境之中，以至于忽视了外界，然后感觉不像是

自己经历了此事。我发现，有时候忽视与我设定的目标相关。例如，我去鹅鹕峡谷徒步旅行，制订了雄心勃勃的计划，即返回时沿着另一个峡谷走，走一条不同的路。虽然我有了全天的计划，但是实际的徒步几乎是自动进行的，计划形同虚设。某一刻，我完全被随机的想法主宰，竟改变了路径。几分钟后，我忽然意识到我走到了哪里，并意识到我对刚经过的四周环境毫无察觉。

那是令人沮丧的一天，我大部分时间都花在匆匆赶赴下一个地标景观的路上。想想自己开车时做的很多事情，我发现自己其实经常没有意识到在向哪里开。一路上我常想，是否有一种办法能使我更关注当下开车的事。这个发现得益于参加小组活动。若是在过去，我可能意识不到这种忽视，至少现在我意识到了。或许我能适时找到一些方式克服这种忽视，从而真实地观察和亲历每时每刻发生在我身边的事。（见附录 B 评论 3）

二、评估的工具

除了提高对日常环境体验的认识外，环境体验小组还促使一些组员更好地了解了社会科学和教育的传统方法，从而能更好地评估自己的行为。由于参加了小组探究，一名组员在重读自己关于领地性的文章时发现，她之前假设的模型可能是错误的（见附录 B 评论 11）。之前她认为“个人尺度和国家尺度都是一样的”，现在她相信二者差异极大：

我现在对个人尺度有了更多的了解，但是还不清楚事物如何能在国家的范围内运作。如果把事物放大到足够大，你会发现人的有

> 些需求是相同的，但我不认为这种比拟能够让尺度放大到我以前想的那样大。环境体验小组帮助我认识到，个人和国家之间存在着不同。

其他组员也高度评价了小组探究，因为该过程显示出有价值的教育 156
模式，这种模式是基于经验的，而非基于专业知识。例如，一名组员说，她开始享受“小组交流、经验分享、成员互动，能从那些理解我的兴趣和热情的人那里获得回应”。她开始意识到：“我们往来密切，这或许是因为我们分享了体验，而非专业知识或那些在大多数大学课程中学到的能力。”（见附录 B 评论 5）

另一名组员体会到，体验是一种让她肃然起敬的学习方式，因为这种方法尊重其所研究的事物。环境体验小组的方法帮她跨越了她感受到的学术学习与其他学习方式之间的鸿沟：

> 我认为，小组工作最重要的是，它展示了一种让我尊重的学习方式。在捕捉现象而不是操纵它们，并彼此分享这些观察结果时，我觉得我们似乎已经接受了事物并接受了事物本身。我的许多朋友感到他们在学业和其他（更相关的）学习体验之间存在差距。对我来说，我们在小组中所做的工作解决了这个问题。我不会感到分裂；在克拉克大学学习的过程中，了解自己也是学习的一部分。小组学习促使我坚决地回到学校。（见附录 B 评论 3）

三、教育的意义

在对当代高等教育的批判中，格兰杰认为，今天典型的、自由派的文科课程体系强调基于解释（explanation）的教育模式。格兰杰说，解释旨在理解事件的起因，是“寻找事物为何发生的过程”（1974：362）。格兰杰认为，当代教育已经对强调解释不满了。解释导致“课程计划过分强调调查方法”，这些方法变成了“掌控未来历史的手段和工具”（1974：361）。格兰杰指出，解释具有破坏力，最糟糕的影响是使学生失去了洞察能力，他们不再探究与自己和他人生活相关的特点、观点、理论以及方法的含义。基于解释的知识既“开启”思考，也“关闭”思考。学生在课堂上学习，就像扮演研究者，抑或是城市规划者。在日常的大多数时间里，这些课堂知识或被置于脑后，或被偶尔借鉴。格兰杰认为，其结果是：

> 157 人们的生活经验无缝结合在一起，这本身就是学习过程。我们的生活有时不像是被拥有理解能力的头脑来指挥的，我们有时也不像能动者那样采取行动，以确保获得某些结果……我们是人。虽然自我理解有交替和转变，但是我们人类的结构、组织，以及我们对存在的“感受”总是处于统一的意识范围内。文科课程的主要错误在于它对生活经验的首要性漠不关心。

格兰杰说，理解是当今教育所需要的。理解是深刻地、恭敬地见证人类更多的经验以及它们呈现的世界。理解的主体要从日常世界中看到新的内容，即这个世界呈现出新的、更丰富的意义，这些意义与人的个人生活息息相关。与解释不同，理解并不寻找事件的起因，也不预测或者控制未来。理解是找寻事件的意义，它能帮助人们更密切更清晰地看到自己存在的模式，从而在未来更好地生活。格兰杰说：

> 理解……直接关系着我们真实的生活方式。人类的存在是由多个意义层构成的，实际上，是这些意义层创造出我们生活的“世界”。我们依照感知到的意义而行动。因此，理解（understanding）是“站”（standing）在我们世界“之下”（under）的人类发展过程。只有理解这个世界，我们才能支持它、维护它、发展它，并栖居其中，把它表达清楚。（1974：362）

用格兰杰的观点来看，环境体验小组和歌德的辩证经验主义都是促 158
进理解的教育工具。这些方法为学生揭示了自身体验的意义。例如，在地理学里，栖居意味着什么？某个事物的本质是什么？理解与学生及其学习内容密切相关。理解成为学生的伙伴，让学生更愿意去探究，因为它可以提供更多有关学生自身的信息。理解将学生置于开放的三分体中，延续了相遇的时间，增强了相遇的程度。例如，通过真实的体验，学生理解了环境体验。这种理解说明身体—主体很重要，惯常具有价值，动静之间有密切关系。这些理解为学生展示了人类在地球上的栖居方式，并为学生理解何为更好和更坏的栖居提供了线索。这些线索可以帮助学生改善自身以及他人的生活方式。理解在体验循环的中心形成了意义，即自我在某种程度上反映了一个人与其他人、地方的关系。如果可以在环境教育中增进理解，那么最重要的影响可能是促使人们根据亲身体验来认识现代人的无地方性、无家可归感和对自然的忽视。了解了这些威胁因素，特别是了解了它们对生态和人类社区的破坏，个人和团体就有可能采取行动，改变实践。人们可以让景观和实体环境更好地体现人、地方和自然之间的和谐。

第二十一章

行为地理、现象学和环境经验

> 当我们观察身边的地方，也就是这个世界上属于我们的部分时，如果将之与我们自身彻底划分开来，那么我们就放弃了用语言和思想作为理解的方式，忘记了我们与我们的世界实际上是彼此创造、彼此依赖、彼此包含的。大地进入我们的大脑，然后被输出为大地，这个过程就像我们进入大地，然后又从其中出来一样。因为我们和大地是彼此的一部分，所以共同生活在一起的人类、植物和动物也都是彼此的一部分，不可能独自兴盛。因此，我们的文化必须是我们对地方的响应。文化和地方互为意象，彼此不可分割，不可能有说一个比另一个更好的情况。
>
> ——贝里（Berry，1977：22）

在过去数十年间，大多数社会科学都建立在实证主义基础之上。实 159
证主义是一种哲学立场，认为真正的知识是基于自然现象及其关系的，这一点得到了经验科学的证实。一种实证主义的视角假设："人和自然也许可以用相同的术语来理解对方。"（Samuels，1971：81）因而，研究者遵循自然科学的路径，并经常毫无疑问地接受这样的观点，即"真实的东西必须是客观的、定量的和具有永恒法则的"（1971：81）。[1]

在将这种实证主义观点转化为研究程序时，地理学家强调人与环境、空间之关系有形的、公开的、可证实的方面。他们探究了人类在地球上所留印记的可视模式、过程和流动。行为主义地理学和环境心理学虽然将研究重点转到人们的“内心”世界，但是普遍接受与其立场相同的实证主义者，并开发了许多方法，将心理过程中模棱两可的事物转换为凭借经验可测度的图像、态度、领土，或一些相似的假设结构。这些假设结构被以有序的矩阵形式提炼出来，并关联在一起。[2]

160 赛明思说，实证主义的问题不仅仅是将人客观化了。当代社会科学研究清晰地表明了这个问题：“如果研究人的科学一定要将主体客体化，那么实证主义在分析人的时候采取了碎片处理。”（1971：97）实证主义科学只能研究凭经验可辨认的人类行为和经验中客观的部分。它忽视了那些不可视的、更微妙的人之存在，如在家性、习惯、相遇模式、栖居等。

换言之，行为主义地理学和环境心理学时常将人内在的情景碎片化、客观化。通常，研究任意关注经验的一小部分，如认知地图、领土防卫、单向的相遇形式。一些可测度的、可复制的研究案例展现和说明了这点。最佳的例子或许是“行为具有认知功能”的假说。如果一个人采用了这种认知途径，那么他就不是一个完整的人了。他的大脑简化为机器，接受标准化的感知输入，即大脑通过一系列循序渐进的决策控制论过程，完成“获取、编码、存储、调出和处理环境信息”的步骤。[3]

由于这种方法提供了一种解释和预测的路径，所以人们常运用这种方式来判断内心的映像。此外，使用该方法的人或许会辩解说，该方法易于探索环境行为和经验的其他方面，如与地方、变化的感知强度和信息过程强度相关的情感知识。

然而认知方法和其他类似行为主义方法的主要限制隐藏得很深，且无法通过零碎的内部操作来修正。这些常规方法的基本缺陷是，它们将人和世界不知不觉地分离开。在论及人类与环境的关系时，即使是论及由内部过程来治愈人地关系时，这些方法也都是将地理世界定义为同人类相分离的实体。按照这个观点，赛明思说：

> 环境首先是被它包围且影响的事物的外部或外部事物。世界作为环境，独立于世界的主体。作为“事物”的世界是“客观”的，它与其他事物分离，或作为外部而存在。（Samuels，1971：59）

的确，在经验的认知模式中，世界“是”一个客观的实体。在陌生 161
环境中走来走去，便意味着这个事实。然而在更多时候，“我们就是世界，我们被包含在世界中，正如鱼在水中”。在日常生活的大多数时间里，我们不会将世界视为与我们分离的物体或事物。我们“渗入”世界，通过身体和情感的主线交织出隐形的网，与世界“融为一体”。对于每个人和每一种文化，这种网的延伸都不一样。它们与不同的路径、地方、惯例和情境结合在一起，构成了每个人独特的生活世界。然而，不论人们的生活世界表面上看起来多么不同，它们都涉及身体—主体、情感—主体、在家性和相遇的体验模式。这些通常不为人关注的事实过程构成了人类的本性。正是因为它们，我们无法从生活世界逃逸出来。让我们再次重温雷尔夫的格言：“人就是他所在的地方，地方就是在其中生活的人。尽管人和地方在术语上能轻易区分，但是在经验上是无法分开的。”（1976b：34）

可以肯定的是，作为独特整体的个体与世界截然不同。生态学家保罗·谢泼德（Paul Shepard）写道：“对于一个人而言，自我是器官、感觉和思想的一个序列，即‘我’被一个坚硬的身体边界包围着，这个边界包括皮肤、衣服和自己的习惯。”（1969：2）然而，人必须还有互补的一面，谢泼德称之为“自我关联性”。

> 这种观点需要一种跨界的视界。人的边界就像生态学研究的池塘表面或森林土层，而不像贝壳，它与外界是相互渗透的。它表明自我作为景观和生态系统的一部分，具有较高位序，且可以拓展自己。(Sheparl，1969：2)

未来，“跨界的视界”必须成为学术焦点。其目的是深入理解“沉浸在世界之中”。谢泼德作为生态学家，在论及“自我关联性”时，主要谈到人与人、人与环境、人与其他有机生命之间切实的生物联系。现象学的视角进一步推动了人和环境的相互渗透。它从经验上证明了人的边界不能被视作贝壳，而更像是池塘的表面。虽然很多可见的生态学纽带把人与无法逃避的环境联系在一起，但是人与世界的相互渗透是不可见的，是体验的联系。这种相互渗透很难被记录，因为它通过身体和感觉的前反思力而流动。但是，它“的确”呈现在人类的存在中。如果我们的目标是展现人在世界中的完全图景，那么就必须关注这些不可见的、体验的联系。

162 倘若我们开始理解人与环境的相互渗透，特别是开始理解自身之存在，那么我们会更好地意识到，自己并未与地球分离，而是构成地球整体不可缺少的一部分。毫不夸张地说，我们沉浸于地理世界中，这种沉浸是栖居的原初核心。为了理解作为人类栖居之地的地球，我们必须理解这个原初核心。与此同时，我们能感受到对自己、对同胞和对作为我们的家园的地球更加深切的关怀和同情。

【注释】

[1] “实证主义是一种世界观，认为世界即实证自然科学之所知。” 为此，人们必须在时空中感知事物。事物的有形性证明了它们的真实性。以这种观点来看，除了客体就没有其他事物了。“存在就是客体。”（Samuels，1971：80）地理学关于实证主义最明确的表述或许是在哈维《地理学中的解释》（*Explanation in Geography*，1969）一书中。哈维写道：“我们完全有理由期待科学法则能说明地理学研究的所有领域。然而这种观点并不完全合理，法则并不能解释人文地理学，因为该学科的问题具有复杂性和不稳定性。”（1969：169）地理学对实证主义观点的批判亦可参见 Guelke，1971；Samuels，1971；Gregory，1978。

[2] 关于实证技术的范围，参见 Moore and Golledge（eds.），1976。

[3] 我从唐斯和斯泰亚对认知地图的定义中摘录了如下表述：“认知地图是一种建构，包含获取、编码、存储、回忆，以及处理空间环境性质信息的认知过程。”（Downs and Stea，1973：xiv）

附录 A

克拉克大学环境体验小组的观察结果汇选（1974 年 9 月—1975 年 5 月）

附录 A 包括正文提到的所有意见，以及一些虽没有被直接提到但对上述解释有影响的报告。这些观察结果转录自小组会议的磁带录音。出于流畅性考虑，转录文本做了一些改动。更多的观察结果可以参看西蒙 1977 年的著作。

1. 对移动的观察

1.1 若干小组报告表明了许多日常活动的惯例和自动行为。

1.1.1 夏天，我每天都以同样的方式从公寓来到校园，毫无例外。我不需要去想走哪条路，就这么下意识地走来了。

1.1.2 我总是想走相同的路线。

1.1.3 我总是沿着一个方向去图书馆，再从另一个方向回来。

1.1.4 我进图书馆的方式很有意思，总是从侧门进去。有时我看着另一个入口默默自问："你能从那边进去吗？你能走那边的楼梯吗？"可我发现自己是如此懒惰，总是选择按习惯行事。

1.1.5 我与一个朋友都在地勤公司上班，我试着让他下班回家时走一条与往常不同的路。他住在盖茨街，下班后通常会走阿特伍德音乐厅前的一条近路。有天，我对他说：“来吧，我们向左拐，走梅恩大街，因为我住在格兰德大街，我不想走远路。”他说：“不，我要穿近路。”我问他为什么，他说：“因为我总是这样做。”他就是不愿换路线。

1.1.6 当还住在家里的时候，我必须开车去学校。从家到学校没有往返都能行驶的道路，来去都是单行路。有一次，我忽然清晰地意识到一个事实，那就是我每天上学和回家的路一成不变。非常有趣的是，我无需告诉自己要走哪条路，这是自动完成的，不用做什么选择。当然，总有些时候，我不得不先去学校附近的某个地方，那么我会走一条不同的路线。否则，每一次我往返家与校园，都循着相同的路线。

1.1.7 我们每次都走同一条路回费城。我们不需要去想它，也不会迷路。我们就是这样回到家的。

1.1.8 我驱车去牙医的办公室，在一个有交通信号灯的十字路口突然发现自己向左转了，而我本应当直行。从这一刻起，我开始观察自己的行为。正如刚才发生的那样，我的双臂自动转动方向盘，将车开到我本不应该走的街道上。双臂完全自主地操作，掌握着我的去向，麻利地完成一系列动作。在我有了意识活动，发现自己出了错，并考虑如何选一条最好的路线返回原本要去的街道之前，我的车已经通过了那个转弯，走了一半的路程。行驶到那个转弯处时，我正想着牙医会怎么治疗我的牙齿，没有注意自己行驶的方向。通常我的确要在那个交通信号灯处转弯，因为我朋友住在那条街上，我常去拜访。

1.1.9 大约一个月前，我和室友换了房间。我发现，当我忘记换了房间这件事的时候，就会走进原来的房间，而实际上我应该去新房间。我并没有意识到自己在往“错”的地方走，而一旦进入错误的房间，我马上会意识到走错了，然后再回到自己该去的房间。这件事着实让人懊恼。

1.1.10 我知道现在我公寓的电灯开关在哪里了。即使是在黑暗的厨房里，我也会走进去几步，我伸手摸到灯绳，只一拉，灯就亮了。手自己确切地知道要做什么，自行麻利完成，根本不需要我再去思考。

1.1.11 我们通常在洗碗池下方放一块干净的毛巾，但有时会在洗晾后忘了放一块新的。我已经好几次注意到，洗碗时，弯下腰去拿毛巾，却发现毛巾不见了。然而几分钟后，我又会弯下腰去拿毛巾，忘记它已经不在那里了。这很傻，我有时不得不自嘲。它就这么发生了，而且很快就又发生了，我竟忘记自己之前已经找过一次毛巾了。

1.1.12 有几次我使用电话时，发现自己拨的是家里的号码，而不是我应该拨的号码。我的思绪在别处，所以我的手指自动拨打了它们最熟悉的电话号码。我想这是因为那个号码是我最常打的。我会忽然注意到自己的所作所为，并意识到应该拨什么号。

1.1.13 我办公桌上的东西是这样放置的：信封和纸在最上面的抽屉里，订书机和剪刀之类的东西在下面的抽屉里。有一天，我发现自己不由自主地拿起了一个信封。我当时心里想着写信的事，所以我的手就自己去拿了信封。我毫不费力、毫无意识地做了这件事。

1.2 有时，人们不太注意日常生活，以至于不记得自己要去的地方或行驶的路线。

1.2.1 我记不起去图书馆该走哪条路了。你甚至不知道为何就径直去到那里了。

1.2.2 有时我要上早课。我一到教室就纳闷自己是怎么到那儿的，感觉自己只是机械地走到了教室。我不记得自己走的是哪条路，只是不假思索地起身就走。我的身体知道自己要去哪里，也不用多想要走哪条路。

1.2.3 尽管让腿自己去走，不用留意腿如何走。

1.3 或因物理环境改变，或因被迫要以另外的方式移动，移动模式会被打乱，这时就会出现移动的困难。

1.3.1 我在小吃店里搞不清楚该到哪里付钱，因为小吃店改建了。我下意识地走到收银台以前的位置，而非新的位置。但现在那里是放杯子的地方，还有一道屏风。我只得停下来，弄清楚我在哪里，然后去收银台。

1.3.2 上周，我所在的班换了教室，但我忘了，发现自己又到了原来的地方。教室从乔纳斯·克拉克厅改成了埃斯特布鲁克厅，全班同学都要去新教室。下一次，我又走到乔纳斯·克拉克厅，忘记了现在是在埃斯特布鲁克厅上课。今天我在去老地方的路上停下了。我在原来的教室上过四五门课。

1.3.3 我从一个二手车交易市场开出来，没有注意门前那条路是单行路。我出来的时候向左转，还要走来时那条单行路。突然，我看到一排汽车相向开来。我对自己说："这是怎么回事？"我意识到了错误，迅速把车转到正确的方向。

1.4 当尝试"自己"去一个地方时，小组成员遇到了困难。他们变得犹豫不决，或感到不舒服，有时还会忘记这个任务。

1.4.1 我觉得我不想做"换一条路"的实验。有一天，我去图书馆时决定走与平时不一样的路，但是不知道是出于安全的考虑，还是为了什么，我还是走了通常走的那条路。就像这个夏天，我从家走到工作的地方，每天都会在同一个地方过马路。有一次我过马路时在街边等了好长时间，这使我很不爽。我也不知道为什么。我一直拖着，不去做这项实验，因为我真的不想完成它。

1.4.2 这个实验真难。

1.4.3 我感觉不像是去我要去的地方。

1.4.4 很难走另一条路，它让我觉得很不舒服。通常从公寓到校园我会固定走街道的一边，今天我走了另一边，感觉很奇怪。当需要做实验时，我变得懒惰了。我说："不，这次我不可以这样子。"但是，真的很难。几天之前我就拿到了实验指南，但直到今天才尝试去做。我好几次出门时都想做这个实验，但又都轻易地放弃了，把它推迟到下一次。

1.4.5 我发现自己始终不愿意做这件事，并会自问"为什么要这么做？"不能走原来的那条路，我很不开心。

1.4.6 一开始我喜欢这个实验，但后来它变难了。我不知道只需做一天，所以试着进行了两三天，而后发现自己开始退到原来的模式。我用三天时间坚持新的方法，尽管有了一定程度的改变，但有时还是会忘记尝试新的路线。

1.4.7 我数次改变自己的路线。这只是在我想起来要这么做的时候，否则就会半途而废。

1.4.8 我只有在留心时才会走新的路线。否则，我还是会走原来的路。

1.4.9 如果你和别人在一起，他们不会让你这么做。如果你说"让我们走另一条路"，它会成为一件特别的事。他们会回答说："但这条路比较近。"奇怪的是，人们已经形成了做事的模式，如果你要求他们以不同的方式做事，并且只是为了以不同的方式做事，就会打乱他们的模式。他们不会去做。这是本能的反应。一个人并不是不想走另一条路，去看看那是什么样子。只是他觉得现在这条路更短，这就是他要走的路，而走另一条路是没有意义的。他选的路是他自认为最短的路。

1.5 有几个人提到，他们经常会选择固定的路线。

1.5.1 我似乎对某些路线情有独钟。我不仅经常这样做，而且如果别人开车时跟我走的不是同一条路，我就会发现自己有点郁闷和焦虑，不禁问自己：为什么这个人走“错”了路?

1.5.2 如果我和别人一起开车，他们选的路与我的不同，我会感到不适，然后对自己说:“他怎么走这条路? 走这条路不合适呀。为什么他不走那条对的路呢? ”这种事总让我很纳闷。虽然我迟早会忘掉，但每当我发现我们走的路不是我认为的那条时，就感觉似乎不太对。

1.5.3 我昨晚从波士顿回来，路过两个地方时感到片刻的不快，因为没有走我认为应该走的那条路。当时是我开车，我们在弗雷明汉的一个出口驶离高速，准备在 9 号公路上走完剩下的路程。我觉得自己并不想下高速，而是想继续在高速上开下去。若是我一个人，我会走 495 号公路，而不是走我讨厌的 9 号公路。但是和我一起的其他人习惯走 9 号公路，所以我听从了他们的要求。然后，我们在 9 号公路上开。当看到 495 号公路的标志时，我想开上去。但因为车里的其他人通常不走这条路，所以我就没走。

1.6 距离感与使用有关；经常使用的远距离亦会成为合理的距离。

1.6.1 我有一个朋友离我大约三英里。去年秋天我步行去那里，一开始走了很长一段路。过了一段时间，我变得喜欢走这段路程，而且感觉似乎也没走多远。它变得越来越短了。

1.6.2 你在脑海里思考一个“距离”时，它会显得更长，但是当你走了一遍后，就会觉得这个距离并不那么长。去年，我们打算去韦伯斯特广场看电影。到那里只有半英里远，但我说:“啊，走这么远! ”后来我开着冰激凌车去过城里很多地方，对这个城市有了很多了解，像韦伯斯特广场或市中心这样的地方似乎变得离我比较近了。例如，我现在觉得缅因街是熟悉的、友好的，而过去它对我来说是陌生的。

1.6.3 当必须去某个地方的时候，你会觉得距离变得在可接受范围内了。在我之前上的一所大学，社会系和生物系相距不到半英里。大二的时候，我在一堂课结束后，必须马不停蹄地赶往另一处。起初，两系之间的距离似乎很远，我觉得课间时间太短。但随着时间的推移，走这段路变得很自然了，我也不再担心了。在克拉克大学，如果人们不得不走远路，一开始或许会抱怨，毕竟他们已经习惯了短程距离。

1.6.4 我在拜访其他学校的朋友时感到震惊。这些学校太大了，我没有精力参观所有地方。而克拉克大学的空间是如此有限，以至于我已经习惯了这样小的范围。当你参观一个比较大的校园时，就会有难以置信的感觉。走着走着，你会惊讶地发现，要是在克拉克大学，去什么地方根本不必费这么大劲儿。

1.7 移动到不熟悉的地方需要更多的注意力和精力。

1.7.1 当要去一个你从未去过的地方时，你必须时刻警惕，确保知道自己要去哪儿。所有持续的观察都需要花费大量的精力。一旦你知道了如何到达一个地方，那就容易多了。你只是去那里，而无需费力辨别。

1.7.2 我不喜欢找寻陌生地方的路。我不能只是去那里，我必须“保持警觉”，辨别我是否走对了，是否已经走过了要找的房子，要留意房子是在路的左边还是右边。对我来说，到一个新地方总是一件麻烦事。只有找到了，我才会松下一口气。

1.8 路线是通过主动的身体重复来习得的。

1.8.1 我还记得搬到现在居住的地方的最初几天，我找路有多么费力。这条路离我原来的公寓不远，但一开始我觉得似乎很远，因为我不熟悉大多数街道。我得考虑该在哪几个地方转弯。我现在已经连续几周每天走这条路，因此可以不假思索地走下来。这条路好像就铺在我面前。

1.8.2 去年夏天我在华盛顿工作的时候，经常在住所附近搭乘公共汽车，然后径直去国会图书馆。坐车时，我或读报纸，或漫无目的地把目光停驻在别人身上。某天早上，一位来访的朋友主动载我去上班，我竟无法重现公共汽车行驶的路线，无法给他指路。我只能想象沿途的几个景点，如我坐车的地方，还有波托马克河上的那座桥。

1.9 身体具有敏感性，表现在手势、动作、技能和活动上。

1.9.1 上周我在一条崎岖的小溪中跋涉。我观察自己脚的移动。它们都是自己在动——我什么都不用做。脚小心翼翼，感受着河床的锋利和支撑。一只脚踩下，另一只脚向前迈出，以找到安全的落脚点。双脚的动作很快，与此同时，我体内的某种东西在保持平衡，使身体保持直立。一开始我的注意力不在移动上。然后我想到了环境体验小组，便开始注意自己是如何移动的。

1.9.2 有一天，我走在市中心一座新建筑的楼梯上。这些楼梯让人很不舒服，我的步幅很难与台阶相协调，我感到不适。我之所以注意到它们，是因为在去波士顿公共图书馆的前一周，我走过一家艺术画廊的楼梯。画廊楼梯的舒适给我留下了深刻的印象。我的双脚感到就像在家里行走，迈步很容易。而那些令人不舒服的楼梯却很难走，它们不适合我的步幅。

1.9.3 有一天，我要从图书馆的五楼去三楼。走到四楼的时候，我几乎要进去了，但有什么东西把我拦住了。我继续下到三楼。在我几乎要进四楼的时候，我能感到我的身体在向前移动，就要走进那个入口了。大脑在我看到门牌时说："这并不是我想去的地方。"但我的身体想这么做——它在流动。只有借助意识，我才会干预我的身体，以完成我所想的事情。

1.9.4 我去拜访一位开金属店的朋友，请他为我的汽车做后弹簧。我看着他在盘子上钻孔，然后磨砂。他的动作真是不可思议，一气呵成。他双手并用，平稳而流畅。他总是知道自己在做什么，双手一直在准确地做着它们必须做的事。他就像艺术家一样工作。

1.9.5 去年夏天我开了一辆冰激凌车。忙的时候，我会尽可能快地工作，尤其是在附近有另一辆冰激凌车的时候。我能为更多的人服务，就会有更多的人来。工作时，我会进入一种节奏：挖取冰激凌，找给顾客零钱。如果动作流畅，我就会感到舒服。我的店里大概有二十种口味的冰激凌。顾客只要下单，我的手就自动伸到正确的容器中，取到顾客所需的冰激凌，然后接过顾客的钱。多数时候，我没有必要思考自己在做什么，它已然成为惯例。

1.9.6 我注意到，当我弹钢琴时，手指可以在琴键上飞舞，尤其是那些我非常熟悉的段落。我一边弹奏，一边看着乐谱，很轻松。记得小时候上钢琴课时，一注意到自己弹得比较流畅，我就会有意识地把注意力转移到其他事情上，如开始想打保龄球的事。

1.9.7 去年夏天开始在邮局工作时，我遇到的最困难的事就是把邮件装进格子里。格子是用数字排列的，每收到一封邮件，我就不得不停下来，寻找正确的那一行，然后找到那个特定的格子。我不明白其他人为何能迅捷地完成这件事。工作一段时间之后，我的工作的性质完全变了。我发现自己的手会自动地伸向适当的格子，不再需要检查格子的号码了。整个过程很流畅。这样一来，工作的时候，我的注意力可以开小差。

1.10 身体能富于创造性地适应新环境。

1.10.1 我不得不使用朋友的自动挡汽车。我以前从未开过自动挡汽车。我注意到自己很快就适应了。有几次，我的左脚试图够到离合器，手进行换挡，但很快就中止了。整个过程很平稳，好像什么也没有改变。

1.10.2 回家的时候我的车抛锚了。我把妈妈的车开回来了。那是一辆很大的1968年的克莱斯勒。我刚开始驾驶这辆较大的汽车时，会感到手生。我不知道车的侧面有多宽。我发现，过了些日子这种担心就消失了。我就这样驾驶着它，把它交给控制方向盘的双手。双手自然而然地知道该怎么做，驾驶变得容易起来。很快，这辆车给我的感觉就和我过去一直开的那辆车一样了。

1.11 习惯性的动作和惯例在时间和空间上都是可延伸的。

1.11.1 我随时都能知道祖母在哪里。通常，她总是在固定的地点、固定的时间做固定的事。例如，她六点到九点在厨房干活，九点至十二点在前门廊做些针线活儿。

1.11.2 除非出门或是有其他特别的事情发生，否则，除了周日，每天早上我都会按惯例行事：七点半起床，整理床铺，沐浴，刷牙，梳头，回到房间，换下睡衣，检查口袋里有没有钱和钥匙，然后沿着大街走到街角的咖啡馆。走进去取一份报纸，然后坐下来，通常是坐在后面的一个隔间里。点的东西也总是一样的：一份炒鸡蛋，外加一杯咖啡。然后吃早餐，读报纸。我喜欢这个流程。我注意到，当它的某部分被打乱时，我就会产生烦恼。例如，如果《纽约时报》已售罄，或者经常坐的位置被他人占用，我就不得不坐在吧台前愣一会儿。这并不是说我每天都安排好了这样的日程，而是它就是这样，我不知不觉就这么去做了。

1.12 发生在支持性环境中的惯例往往营造出更广泛的地方动态。

1.12.1 自从开业以来，我就发现有些顾客经常光顾这里。一个女人几乎每天下午五点半来买牛奶，一个年长的男人六点来买香烟。还有几个人，我认识他们，并且会跟他们打招呼，因为都是熟面孔。我很喜欢那里，在那里能看到我认识的人，帮我打发时间。我总有可聊天的人。

1.12.2 我注意到，在八点到九点之间，街角那家咖啡馆的活动有一定的规律。这段时间会有“常客”过来，包括殡仪馆工作人员、电话修理工和几位老人。其中一位叫克莱尔，我认识她，每天跟她打招呼。她每天早上七点四十五在街道对面的教堂做完弥撒后回来。许多人彼此认识。店主认识每位常客，知道他们想点什么。这种了解其他人的情境，如知道谁要坐在哪里，认出可以打招呼的面孔，使这里成为暖心的地方。它营造了一种氛围。如果每天都是新面孔进来，这种氛围就不会存在了。

2. 对静止的观察

2.1 不论去哪里，即使时间很短，人们似乎也要建立中心。

2.1.1 在纽约的时候，我在姐姐的公寓周围组织城市。第一天我做完计划好的事情，就不知道接下来该做什么了。我乘坐公交车返回公寓，但在这么做的时候并没有思考。我原本可以去做其他什么事情，但我却径直返回了那里。

2.1.2 上个周末，我去了纽约州的奥尔巴尼。我住在朋友家，依据他的房子，我能很快找到自己的位置，来去自如。似乎只要去了一个新的地方，你就会立刻建立一个中心，并围绕它移动。即使你在一个地方只待一晚，它仍然是你心里的中心。

2.1.3 即使你在一个地方仅待数小时，也会有自己的中心。当停在路边吃午餐并稍做休息，你会选一个地方坐下来。然后，你通常会围绕那个地方度过闲余的时间。或者，你需要在长途汽车站等几个小时，你起身去买糖果，或去卫生间，或随处走走，之后很有可能回到同一个座位。

2.1.4 购物的时候，尤其是在不太熟悉的地方购物时，我注意到，我的汽车会成为我空间定位的焦点，我依照它来规划我的购物方向。我把车停好，记下它的位置，出去购物，然后再回到停车的地方。当我身处他地时，汽车就是我要牢牢记住的中心。

2.2 一个人居住空间的中心通常是家。

2.2.1 我不会到处跑。有段时间，我居住的空间有一个中心，这个中心就是我的家。我晚上在那里睡觉，早上在那里起床。我早上离开，白天工作，晚上回来。

2.2.2 各个空间于我并不是绝对平等的。我住的地方就是独特的地方，因为我总是从这里出门并返回。从某种意义上讲，我被捆绑在这个地方。

2.3 人们会依恋自己的家。

2.3.1 我要搬去和朋友一起住。离开公寓让我感觉很糟糕，因为我依恋它。我会想念它的。我喜欢这里，喜欢能透光的窗户还有我的房间。离开真让人悲伤。

2.3.2 我们曾住在布里尔楼，它被拆除之前是学生宿舍。住在那里真是倒霉。后来，暖气系统也坏了。天寒地冻，我们被告知宿舍还可以住。尽管按照规定，我们可以享用免费的午餐，但并没有人去吃。白天我们都不回宿舍，而是在图书馆待着，晚上才回去。做饭吃饭，洗漱睡觉。虽然醒来时又冷又不舒服，可我们还是想住在那里。最终直到停水了，我们才搬走。

2.3.3 记得去年冬天，公寓的供热系统坏了几天。朋友邀请我去他们家住，但我没有去。新年前夜，我和朋友们在一起，他们劝我留在他们那儿，但我并没有留下的想法。考虑到我的公寓只有几步之遥，我觉得待在他们家里并不合适。虽然我的公寓很冷，但我还是想待在自己家里。我当时想过，自己为何这么不理性，在自己家会冷，而且可能会生病呀。但这些想法并没有奏效，我发现，自己还是会毫不犹豫地返回家中。

2.3.4 今年夏天，我从西部长途旅行回来。原计划在姐姐家吃晚饭，她住在离我家150英里的地方，就在我要去的高速公路旁边。到姐姐家时，天色已晚，但我觉得有必要开车回家。我有一种不可抗拒的冲动，想待在自己的地方，睡在自己的床上。我继续开车，午夜时分到家。

2.3.5 我觉得我的宿舍不像我原来的公寓那么舒适。我想这是因为所有的宿舍房间都是一样的，很难留下个人的印记。如果能把这个地方据为己有，我就不会感到那么不舒服了。这个建筑的天花板是未来主义风格的，几乎没有展现个性的机会。

2.4 家满足了各种各样的需要。

2.4.1 我能在家里思考适应我的方向。

2.4.2 我的公寓是一个我可以“放松”的地方。我可以在那里做我想做的事，而不是做我不想做的事。那儿是我的地方，我可以自由地做自己。

2.4.3 在上下一节课之前，我要回趟家，以重新找回自我。

2.4.4 就像生病的时候，你唯一舒服的地方就是家中的床上。如果我生病了，离开家总是比在家更糟糕。生病的时候，你没力气佯装成并不是你的那个你。

2.4.5 有时我回去是为了获得力量。例如，一位教授告诉我，他对我写的一篇论文不满意。我发现自己回到公寓，仅仅就是为了恢复一下自己。我不清楚自己该在那里做什么，但是我知道公寓会使我好受一些。

2.4.6 我在家里的样子就是自己真实的样子。它帮助我远离过度曝光。

2.4.7 家是我与世界隔离的地方。我可以在那里休息。在家里，我能控制那些可能打扰我的干扰。

2.4.8 我的公寓是专属于我的地方。在那里，我能做我喜欢的事，不怕被打扰，或感到内疚。安静地阅读，和朋友坐在一起，播放唱片，我能在任何地方做这些事情，但是不知怎的，我觉得在家做这些似乎最相宜。在家里，我不会耻于道出痛苦。我走进房间，关上门，尽情变成我认为难看的样子。向室友发发脾气也未尝不可。我在家做的任何事情都不会被上纲上线。

2.5 房子提供隐私；失去或缺乏隐私会让人感到不舒服。

2.5.1 去年我有个室友，他是个很容易相处的人。但他总是待在房间里，这让我感觉宿舍不是我的，因为他在那里的时间太长了。他会尽一切可能地适应我，我也会为他做同样的事情，但我还是觉得那个房间不是我的。

2.5.2 几个月前，我只有一个室友。现在我有两个了。以前，这间公寓似乎就是我的，我总能在白天的某个时候回到那里，将之作为我拥有的地方。我可以一个人待着，某种程度上它就是我的私人空间。现在似乎总有另外一个人在宿舍里，我很难独自拥有那个地方了。每当知道两位室友都要外出，我就会感到轻松，因为我终于可以独自拥有整个公寓了。

2.6 对家庭空间的侵犯会造成紧张甚至愤怒；仪式通常是为了维护家庭的圣洁而建立的。

2.6.1 有位朋友和我们住在一起，直到他找到了公寓。最近他没敲门就进了我的公寓，这让我很生气。他不住在这儿，进来之前应该先敲门。他是客人，不是主人，他那样走进来，就侵犯了我们的隐私。

2.6.2 在过去几周，工人们一直在翻新我住的公寓。我一直努力观察自己对他们的反应。我有一种空间被侵犯的感觉。“这些人在我的房子里做什么？”我发现我讨厌他们的出现。虽然我明白他们必须在那里工作，但是我依然有心理压力。

2.6.3 我的父母在退休前，每天晚上都会锁门。通常由我父亲锁门，但是我母亲还要检查一下，以确保父亲没有忘记。父亲是个循规蹈矩的人。他走到外面的门廊，轻按开关，打开院子里的灯，查看室外的温度计，而后关上灯，锁上门廊的门，再走回屋里，锁上室内通往厨房的门。约一刻钟后，母亲铺好了床，她要再检查一番。清晨，母亲先起床，她一下楼梯便打开那两扇门，向外张望，看天气如何。从我记事以来，他们一直如此。

2.7 家或许意味着温暖的气氛。

2.7.1 身处一间才居住不久的房间，会感到寒意。需要花一些时间才能让房子变得生机勃勃。

2.7.2 我们搬到了纽约的一套公寓里，那里已经很久没人住了。我不想住在那里，因为那里很冷，而且没怎么被住过。可一旦我们归置和打扫好房间，就感觉好多了。

2.7.3 我注意到空房子给人的感觉会不同，不管它是刚刚被清空的，还是已经空了很长时间。一个很久没有人居住的地方，会让人有极为清晰的感觉，即没什么人气，就像是鬼屋。

2.7.4 我在巴尔的摩时，住在连排别墅里，它外表和街上的其他房子没什么区别。然而我们的房间没人打理，乱七八糟。有一个小孩和他的父母住在我们隔壁，他有时会来看我们。有一次，我们去了他家，发现那里与我们的房间很不一样，充满关怀，看起来很不错。主人用心布置房间，摆放着家人的照片和旅行纪念品。我喜欢他们的房子，它给人温馨的感觉，置身其中感觉很好。

2.7.5 我父母的房子里有几个房间很少被使用，例如，吃正餐的餐厅。除非有客人，否则没人进去。人走进去时，会感到冷清。我不喜欢这种感觉。

2.7.6 我清楚地记得爷爷家的客厅。它既不花里胡哨，也不是崭新的，所有物件都有年头了，甚至磨损了。但是客厅却透出温暖的特性。披风的上方挂着鹿头标本，我记得有一次我躺在壁炉边的地毯上望着它。我依然记得那种温暖快乐、舒适安详的感觉。

2.7.7 我曾在纽约州奥尔巴尼从事人口普查工作。记得有一天，我去了一座特别脏的房子调查。我原本以为会看到一些肮脏的房间，但走进的却是一个温馨的地方。一个离异的女人和她的两个孩子住在那里。这个地方透着家的感觉。屋里装饰着淡蓝色，房间被打理得整洁有序，温暖舒适。我甚至希望我就是住在那里的孩子，这会让我备感欢欣。这个地方给人的感觉就像一个家。

2.8 身体蕴藏着家的知识。

2.8.1 我准备离开地理系大楼，先去邮局，然后去街角的咖啡馆吃早餐。正在我要离开的时候，有人告诉我，我预定的阅读材料并没有放在应该放的地方。我立刻开始想那些“懒惰的”图书馆工作人员会用各种各样的理由敷衍我，解释他们为什么没有做好他们该做的工作。这时我突然发现，自己走在了通往公寓的台阶上，而我的公寓就在地理系大楼的对面。

2.8.2 昨天我帮一个朋友把沉重的皮箱搬到汽车站去托运。回来的路上，我们热烈地交谈，突然我说道：“愚蠢至极！我本要把你送回家，却开回了我自己的家。”他住的方向和我家的方向完全相反。

2.9 日常事务与家庭有关。

2.9.1 在工作日，我父亲每天早晨依循相同的惯例。他七点起床，并不需要闹钟。他穿上旧衣服，而后去洗手间，继而从前门廊的架子上取回晨报。他把两根香肠放在平底锅里，调到微火，以备在八点十五分食用。当食物在炉子上加热时，他总是慵懒地坐在同一张椅子上读报。在香肠焙好之前，他还要煮一枚鸡蛋。他甚至不必倒掉煮蛋锅里的水，次日继续用。他在面包机中放入一片黑麦面包，倒上一杯橙汁……然后就吃完了。他将这样的早餐称为“三分钟早餐”，那是他吃饭所用的时间。他把碗碟放入洗碗机，刮胡子、洗澡、穿衣，在八点五十整离开家。

2.9.2 我兄弟在家就按照惯例行事。例如，他有一个晚餐惯例。六点半刚过，他回到家，把公文包放在餐厅，上楼换衣服。然后，开始做饭：一份沙拉，一碗罐头馄饨或意式细面，外加一杯水。他说他不想每天换菜单。他会在七点新闻播放时坐在电视机前吃晚饭。

2.10 和谐是家庭感情的重要组成部分。

2.10.1 在朋友搬进公寓前，是一些租客与我们共住。他们并不是真正的朋友，只是共同承担租金的人。我的住处就如同公寓，并没有家的感觉。但是，我的朋友们搬来后一切都变了。如今这里很好。即便我回来时家里没有人，我依然觉得很美好。大家相处融洽，每晚都共进晚餐。我会期待与他们待在一起，期待一起吃饭，我们似乎已经有成为一家人的感觉了。

2.11 缺乏中心可能会引起痛苦。

2.11.1 几周前，我住的公寓并没有给我家的感觉。室友对我很不友好，我不喜欢待在那里，那个地方对我没有吸引力。我感觉像是迷失了方向，因为我没有一个中心来定位我所在的任何地方。

2.11.2 我在旅途中的大多数时候都是有目的地的，“知道”我要去的地方是哪里。但是，当旅途很长，要从一个地方马上转到另一个地方，我可能会心神不宁，因为不知道自己到底要去哪里。

2.12 主客关系涉及家的本质。

2.12.1 进入陌生人的房子会让你觉得不舒服，因为你感到被动和不确定。你不知道去哪儿，坐哪儿。你只是站在那里，看着，等着别人告诉你该做什么。如果主人欢迎你，帮你拿外套，请你坐下并放松，你会感觉好很多。

2.12.2 我发现大多数大学生都是糟糕的房东。他们似乎期望我可以径直走进他们的房间，就像到自己家一样有百分之百的舒适感。有时他们甚至把我单独留在房间里，或者把我留给我几乎不认识的人。这时我总会感到不自在，不知所措。我希望这些房东能更像主人。

2.13 家有中心。

2.13.1 我的家人总会坐在餐桌旁各自的位子上。家里换了一张圆桌，似乎很容易更换椅子，坐在任何你想坐的地方。但过了一会儿，每个人都在“自己的”椅子上坐了下来。我记得我曾想坐到另一处，换换感觉，但是大家的位置都被打乱了，所以我根本没办法换位子。在教室里也是一样，如果教师给学生排了座位，那么每个人都得“挪腾”一阵。数次之后，人们就习惯每次坐在同一个座位上了。

2.13.2 我爸爸在客厅里有个座位。他一走进客厅，坐在那个座位上的人就会说：“嘿，爸爸，你想要坐在这儿吗？”

2.13.3 回家时我总是不由自主地拿起小时候用过的椅子。我把它捡起来，挨着地板拖到我原来坐的位置。我妈喜欢我坐在我姐姐曾经坐的位置上，那是在桌子的另一边，因为我坐在那边不会太碍事。所以，几乎每次我把椅子拉过来时，我妈都会说：“哦，你不要坐在桌子那边吗？”然后我就会想起来，再把椅子放到桌子的另一边。我在桌子那边坐着并不舒服，但是因为我妈喜欢我坐在那边，所以我就去了那边。

2.13.4 在房间里时，桌子和我从救世军那里带回来的摇椅是我通常待的两个地方。我对它们有依恋之情，尤其是那把面朝窗外的摇椅。椅子后面有一盏立灯，它对我很有吸引力。晚上睡觉前，我喜欢坐在那把椅子上摇晃着看书。当我走进房间，想坐下的时候，会很自然地去这两个地方。

2.13.5 坐在别人的床上我总觉得不自在，除非他们明确地说“坐在这儿吧”。

2.13.6 好朋友今天卧病在床，我很自然地坐在她旁边。谈话时，我忽然意识到“我正坐在她的床上，而我不应该这样做”。

2.13.7 去年我的房间里没有书桌，也没有其他地方可以看书学习。今年，我做的第一件事就是添一张桌子，它让我的世界变得不同了。我知道我现在可以在哪里学习了。

2.13.8 在家的时候，我注意到我的家人很多时间都是待在厨房里的。我们在那里讨论所有重要的事情。在我的公寓里也一样，我们每天花好几个小时围坐在桌边聊天。我也会出去一段时间，但接下来又会回到这里。

2.13.9 公寓越来越冷，我们都被吸引到厨房里。虽然客厅也有暖气，但我们从不坐在那里，因为那里没有桌子。厨房是家里最重要的房间。我们主要在厨房做植物修剪工作，因为所有的植物都摆放在那里。厨房总是充满着友好和愉快的气氛。

2.14 除了家之外还有一些重要的中心。

2.14.1 街角的午餐馆是我的一个中心。走进去的感觉真的很好。

2.14.2 我喜欢街那边的比萨店。食物很好，我坐在店里感觉很舒服。人们都钟爱那个地方。我有个朋友，在开车做横跨美国的旅行前，非得到那儿吃个早饭不可。

2.14.3 工艺品店对我来说是一个非常特别的地方。那里像有磁力，吸引着我过去。似乎我离开校园前必须到那里走一遭。

2.14.4 梅恩大街上的面包店似乎离我很近，因为我经常去那里买面包。那里的人很友好。

2.14.5 附近的公园对我来说意义重大。当感到难过时，我就去那儿散散步，以使头脑清醒。我散步的路线很明确：先从池塘的左边走，然后爬上山，到老树桩，再回到池塘的另一边。我会在老树桩那里停一会儿，有时坐下来放松一下。我觉得离公园很近。有时它可以帮助我逃避且远离大学的事。

2.14.6 公寓对面的公园对我来说已经变成了一个特别的地方。那里空间足够大，给人远离城市的感觉，人们可以与树木和青草为伴。我喜欢一个人静静地坐在那里。

2.14.7 这些天我经常待在办公室里。它是隐私和社交完美结合的空间。有时我的同事或其他人进来，我们交谈甚欢。有时那是我自己的地方，我在那里完成自己的工作。我不想在别的地方工作，只有这里让我感觉很亲近。

2.14.8 在学校，我最喜欢的地方是我的课桌，它似乎是我做任何事情的中心。

2.15 身体容纳了这些关于中心的知识。

2.15.1 我从办公室出来，去楼下拿地图，途中去了趟洗手间。在洗手间里，我考虑着备课的事情，陷入沉思，出来后不由自主往办公室走。走到一半的时候我才意识到，我并没打算去办公室。片刻的烦恼过后，我转身去拿地图。

2.15.2 自从他们把小吃店搬到新地址，我每次去那儿都感到不适应。似乎步行去新地方总有些别扭。因为我习惯去原来的地址，所以有时还是会往那里走，我也觉得很奇怪。我会花些时间适应这个变化的。

2.16 日常生活中的许多东西都有自己的地方。

2.16.1 想睡觉时，我会把眼镜放在一个固定的地方。我把它放在头顶的桌子上。起床后，我会不假思索地拿起并戴上它。我从没想过换个地方放眼镜。

2.16.2 我总会在右口袋里放零钱、钥匙和笔，在左口袋里放纸巾。当右口袋破了个洞时，我只得将东西放到左口袋。对此，我极为不习惯。

2.16.3 在我的背包里，特定的东西放特定的地方。我在前面的小口袋里放铅笔和钢笔，在里面带拉链的口袋里放钥匙。

2.16.4 我把眼镜和笔记本放在房间特定的地方，需要用的时候就会找到。如果没有把这些东西放在那里，我就会忘记究竟把它们放在了哪里。

2.16.5 我桌面上的东西摆放是有规律的。剪报总是在左边，钢笔和铅笔在左上角，书在右边。

2.17 身体储存了这些关于地方的知识。

2.17.1 我的母亲知道家里每件东西的确切位置。她对每件东西都心中有数，没必要专门想想哪件东西放在哪儿，而是会自动地走向那件东西。比如，我需要一些线，她就知道线放在哪个抽屉里。假如换作我，我必须找好几个地方才能找到。

2.17.2 由于参加了这个小组，我开始更有意识地认识到，厨房是对我很重要的地方。在厨房，我用的所有东西都有确定的位置，包括调料架上的调料。准备做饭时，我能迅速拿到配料和器皿，根本无需思考。一切准备就绪，随时等我来用。

2.18 新地方常常与旧模式相冲突。

2.18.1 在我小时候，厨房里有一个挂钟，在冰箱上方挂了六七年。后来我们把挂钟移到火炉边的墙上。我记得在之后的三年里，我有时会朝原来挂钟的地方“再看一眼”。我抬起头，要望一眼时间，但挂钟早已不在那里了。虽然挂钟有了新的位置，但每个人仍然会在老地方寻找它。

2.18.2 我父亲要清洗餐厅的地毯，搬动了桌子。通常它就在吊灯的正下方，但是被移回来时，并没有正对着吊灯。家人吃晚饭时都注意到了这种变化。我们站了起来，把它挪到合适的位置。虽然这是我母亲首先注意到的，但其实每个人都觉得不对劲儿。

2.18.3 昨天晚上我去办公室用打字机，发现有人把打字机转了个方向。我开始打字，但感到不舒服，然后就把它的位置调了回来。

2.19 自己动手把东西搬到不同的地方，这样的实验表明习惯在建立秩序中发挥着作用。

2.19.1 上周我决定把放餐具和银器的橱柜调换一下，室友都同意了。随后的一周，大家不止一次地说：哦，位置变了。有人走到一个橱柜，打开它，而后意识到不对，然后走向另一个橱柜。当我要取银器时，也常走到原本的橱柜那里。这样的错误并没有让我抓狂。我们讨论这件事，认为就像是做游戏。人们总说："啊，我又搞错了！"

2.19.2 我把毛巾挪到了一个新地方。我告诉自己："我不会让自己为这种改变而困惑。"但有一天我心情很不好，脑子里乱乱的。我走到了以前放毛巾的地方，意识到："哦，不，我又忘了！"

2.19.3 在做这个实验的时候，我决定动一动垃圾桶，它已经在桌子旁边固定的地方待了两年。我不想移动它，这就是习惯。

2.20 当人们考虑改变某物的位置时，可能会有一种惰性。

2.20.1 我考虑着把家具位置调整一下。但其实，不管家具摆放得多么不合逻辑，不管改变它们的位置有多大意义，我都不愿意重新摆放。我不喜欢这样做，想要保持现状。

2.20.2 即使我桌上东西的摆放不是最好的，我也不想重新布置。如果东西的位置变了，看上去就很别扭。

2.21 人们经常为自己的汽车确定停车位；如果不这样做，可能会出问题。

2.21.1 我有时把车停在通常不会停的地方，过一会儿就会忘记，甚至以为车被偷了。

2.21.2 上个学期，有几次我竟然忘了自己把车停到了哪里。我停车时发现一个停车位，看上去挺方便，就将车停在了那里。然而，我去取车时竟不记得把车停在哪里了。找车时我意识到自己开始思考："今天早上我在哪里停车了？那里应该是最明智的停车地点。"但是，这个逻辑方式通常不会奏效，我只能四下张望，又好笑又懊恼。后来为方便起见，我租了一个停车位。

2.22 决定置物地点有时很困难。

2.22.1 记得在我十岁或十一岁的时候，家里决定买一个工具箱，这样可以自己维修东西。关于该把它放在什么地方，我父母发生了争论。我父亲想把它放在路边，这样在冬天暴风雪时，很容易就可以取到，但是我母亲说："不，放在那里看起来不美观。"最后，他们同意把它放在房子的一边。

2.22.2 我哥哥从越南回来的时候，想在院子里种一棵树。我们全家都参与了意见，非常认真地对待这件事。我父亲认为应该把树种在后院，就在他 25 年前买这块地时种下的那棵树的旁边。我哥哥却坚持把它种在前院的中间，在那里它可以得到最多的阳光和扎根的空间，然而种在那儿会显得有些突兀。虽然最终这棵树种得比一开始我哥哥想要种的地方靠边一些，但他也算是如愿以偿了。

3. 对相遇的观察

3.1 与世界的接触在强度上是波动的。

3.1.1 我似乎总是以不同的方式面对世界。好像我生活的世界不止一个，而是很多个。有的时候我甚至不会注意到任何事情，而有的时候，我却是清醒的。虽然我不一定知道世界是什么，但有时我觉得与周围的世界很近，有时却觉得它们很遥远，是在我毫无准备的情况下出现的。

3.1.2 对我而言，世界是陌生的。有时候我知道，自己什么都没看到。我被自己的内心深深吸引，以至于世界没有机会进入我的内心。例如，周日早上，我沿着大街散步。行道树看起来如此美妙且充满生气。我已经有很长一段日子没有这样端详它们了。我感觉很好，心情平和。然而，我遇到了前女友，她说了几句话，深深伤害了我。我虽然继续散步，但此时的行走与刚才完全不同。我满腔怒火，不会再留意任何事物。我内心如同设置了一道屏障。我的愤怒和悲伤，使我无法看到几分钟之前我所观察的世界。

3.2 人们很多时候会忽视外部世界。

3.2.1 我在走廊上踱步，没有注意到有人走到我面前。因为我并未意识到他的出现，所以他让我吓了一跳。在这一刻之前，我真的没有看到他。虽然他已经在我身边站了好几秒，然而我却花了些时间，才有意识地发现他在那里。

3.2.2 我当时正急着来这里，同相向而行的朋友擦肩而过。幸亏他打了招呼，否则我会看不到他。

3.2.3 乘车从家里返回的时候我非常疲惫。我们上了高速公路，但是我不确定下一站是伍斯特还是洛厄尔。我让自己留意，以确保下一站是伍斯特。我可不想坐错站。然而，我却记不起我们是怎么走进伍斯特汽车站的了。

3.2.4 假期结束，我们开车归来。有人在高速公路上问："我们已经开过去伍斯特的出口了吧？"我们的确错过了。我们本该开出岔路口，但是大家都忘了观察。

3.3 人们在忽视外界的时候，思考、忧虑、遐想以及不适等会集聚起来。

3.3.1 我通常会在周边跑步，一边跑一边想接下来该做的事。当我走路的时候，我在想我刚刚做了什么或者我要去哪里。这种时候，我会忽视周围的许多事物。

3.3.2 课后开车回温彻斯特的时候，我思考着下周该做什么。我忙着规划未来，以至于错过了出口。

3.3.3 我发现自己在过去一周的大部分时间，都在思考自己的问题。因为脑子里有很多事情，所以我经常忽视其他事情。

3.3.4 当身体不舒服时，我走路只是看着地面，努力走到我不得不去的地方，没有体力去四下张望。生病会让人"失去兴致"。

3.3.5 我常在公园里散步，不单是因为我喜欢那里宜人的环境。更重要的是，在那里散步会提高我的思维能力。我能更好地找到问题的答案和解决困难的办法。

3.4 一个人在工作或消遣时，可能会忽视外部世界。

3.4.1 打扫房间是我的日常工作。然而，在做家务时，我很容易发蒙，不记得自己是否用吸尘器清理了房间的某个角落。为保险起见，我只得再清理一遍。

3.4.2 我有时会记不住日常重复的动作。例如，我常自问："稀释浓缩橙汁的水放够了吗？蒸米饭的两杯米配的水量合适吗？"

3.5 人们有时会有意识到，自己从手头的工作中抽离出来了。

3.5.1 当我在做一些不需要全神贯注的事情时，如开车或打扫卫生，我常常会用唱歌来打发时间。昨天晚上，一位来访的朋友问我为什么一边洗碗一边唱歌。我答："哦，我总得做点什么，以便把注意力从擦洗的事情上转移开。"

3.5.2 我曾做过洗碗工，工作的时候我几乎不会注意到我在做什么。我很容易陷入白日梦的状态，或者脑子里想着下班后我要去做什么。洗碗的工作不太要求全神贯注。

3.6 即使在忽视的状态中，人的某些部分仍与世界保持联系。

3.6.1 上周，我从宿舍去图书馆。一路想着，下周父母要来，我要做些什么；想着我们会去何处大快朵颐。忽然，我发现自己已经走上了山头。我竟然避开了上周下雨时形成的好多小水洼。我身体里一定有什么东西引导着我，让我绕其而行。尽管我并没用意识来注意每一个水洼，但是一定是有什么指导着我的眼和脚，使它们协同工作。我看到了前方水洼，双脚直接跳过或绕过水洼。这一系列动作都发生在我陷于沉思之时。我并没有有意识地做这件事，但它自然而然地就完成了。

3.6.2 昨天晚上，我从波士顿开车回来。我在路上想着第二天要做什么：与教授约个时间，汇报我的研究论文。突然，我注意到自己在超车。我竟不假思索地完成了这个动作。一定是我身体里的某部分在留意着路况，并协调着我的动作来超车的。我并没有在有意识的状态下超车，因为我开车时是走神的。不知怎么的，我的眼睛，我在方向盘上的手，我在踏板上的脚，带着我安全地完成了驾驶动作的变换。

3.7 太忽视外部世界可能导致事故。

3.7.1 去年秋天，有一次我走在通往公寓的大街上，脑子里突然浮现出一个问题：这学期我要做什么？我处在"迷雾"中，听着脑海里各种各样的争论。我并未注意到路边“严禁停车”的标志，经过它的时候肩膀被撞到了。我吓了一跳，但更多是因为奇怪，而非因为撞痛了。这个标志意想不到地侵扰了我的思考，这一撞似乎来自另一个世界。

3.7.2 上周我在食品服务部工作。一天，我向经理请假休息，他拒绝了。我很懊恼，一边自言自语，一边为不能请假而愤愤不平。突然，我听到嘎吱嘎吱的巨响，原来我忘了码好洗碗机里的脏盘子。它们挤在一起，占满了洗碗机。

3.8 人们有时会观察世界。

3.8.1 周二下午，我坐在莱特大楼前的草坪上，看着来往的人们。我并未特别关注某个事物或者某个人，只是看着，很放松。我要在那里坐上一个小时或更长，感受那儿的氛围。我并不是整段时间都在看着这一情景。有时，我会“进入自我”，想一些事情，或者为自己应该完成的功课着急。那是一种混合的状态，陷入沉思一段时间，然后再环顾一下周围，如此往复。

3.8.2 前几天我在公园里，坐在一条长凳上，看着池塘里的群鸭。它们最初引起我的注意，是因为嘎嘎的叫声和游水的身姿。在那里，我坐了大约十分钟，观察着它们，就像在看一场电影，很有趣。之后，我的注意力开始减弱，便离开了。

3.8.3 上个星期天我去看了赛车比赛，那是一场久违的激动人心的表演。有三名赛车手在争夺领先地位，没人有绝对胜算。其中一辆是我朋友驾驶的，我为他加油。我全身心投入其中，站起身，跳着、喊着来鼓励他。看台上的人也都站了起来，尖叫着，挥舞着手臂。这是一种经历，我就像跳入了另一个世界，直到比赛结束。

3.9 人们不一定注意到同样的事。

3.9.1 我和朋友开车从一座桥下经过，那里有一个行车测速装置。

我说："哦，我时速达到 72 英里了！"朋友问："你干吗大惊小怪的？"我说："你没看见限速标志吗？"他的确没有看见，尽管那个标志又大又醒目。

3.9.2 昨天我和朋友开车，有一辆车停在了我们前面。我觉得它的颜色很怪，就说："啊，快看！"他说："怎么啦？"他甚至没有注意到那辆车。

3.10 人们会突然发现一直没有注意到的事。

3.10.1 我和一个朋友从药店出来。我们走过一条小巷，而我以前从未留意过它，尽管我曾多次经过那里。我不知道是什么引起了这次我对它的注意。

3.10.2 我低头扫了一眼图书馆里的一排椅子，注意到我面前的两把椅子边角已有磨损。当时我正在读书，我也不知道为什么它们引起了我的注意。

3.11 令人惊讶或不协调的事情可能会引起注意。

3.11.1 今年夏天，我参加了明尼苏达州的露营活动。有一天，我们爬了一上午山。晌午时分，我们突然在河中央发现了一台巨大的机器。我们不知道那是什么。我们经过了很多有趣的地方，它们都没有引起我们太多的关注，只有它让我们停下了脚步。它看起来个头太大，所以吸引了我们的注意。

3.11.2 我会注意一些不同寻常的事情，比如下雨。大多数时候我不怎么注意天气，但在雨天，我不能不留意。

3.11.3 我注意到了公园池塘的水面，平常的时候水位并不低。

3.11.4 我注意到当我开车穿越特拉华州时，其道路表面及颜色与新泽西的有很大的不同。

3.11.5 昨天我开车时看了一眼后视镜，发现后面那辆车竟然没有引擎盖。

3.12 美丽的事物和无吸引力的事物都可能引起注意。

3.12.1 我步行去上课，突然感觉到一道闪光。抬头一看，我惊讶地发现那光来自树上覆盖的白雪，璀璨夺目。

3.12.2 在驾车去华盛顿的路上，车里的每个人都注意到了一片南瓜地。南瓜在田野里一排排生长着。它们看起来如此美妙，像在田野里酣眠。

3.12.3 我走路的时候总是注意到拐角处的银行大楼。它是圆形的，设计很夸张。它如此与众不同，吸引了我的眼球。

3.13 人们或许会注意到有利害关系的事物，或者感兴趣的事物。

3.13.1 去年我在一个班上学习有关电线分配的公用事业。如今，如果一个地方的电话和电线是架设在地面上的，我就会注意电线杆的类型、年份和建筑美学特征等。

3.13.2 我以前从未注意过彩色阴影，也并不知道它们的存在。后来我上了一门课程，花了很长时间研究它们，开始在思考彩色阴影的时候寻找它们。现在我经常留意它们，特别是在夜晚的街道上。可喜的是，我越留心，找到的彩色阴影就越多。我经常注意到它们。并不是说，我走在街上时会不断提醒自己："嗯，现在该关注彩色阴影了。"相反，关注的念头是自然浮现在脑海中的。有时我很想看到，然后就真的发现了。有时，我只是在街上走着，突然就发现了它。它是自己跳到我面前的。好像是它们在向我展示自己，而我不用费力就能意识到它们。

3.14. 有时候，直到世界变得不同，人们才会注意到它。

3.14.1 星期六我步行去商店买牛奶。突然我发现街道似乎不同了，原因是有人砍掉了一棵大树。那棵树在那里的时候，我并没有留意它；现在它不见了，街道景象变得与过去不一样了。

3.14.2 有一天，我去了一位教授的办公室。我很久没去了，它给我的感觉跟以前不一样了。一开始，我说不出来是什么不一样。突然我注意到，让我感到不一样的关键之处是黑板，它变干净了！通常它上面写满了粉笔字。

3.15 情绪和能量水平会影响注意。

3.15.1 我和一位教授进行了愉快的交谈，这让我感到很高兴。在池塘边散步时，因为心情极好，所以我似乎发现了许多东西：池塘里的鸭子、水面反射的色彩以及树木。我能更清晰地感受到它们。我注意到了身边更多的事物。

3.15.2 今天早上，我冲洗了一些上周在摄影课上拍摄的照片。拍摄效果很好，我很受鼓舞。我之所以感到很高兴，是因为它给了我很多的能量，那天整个下午，我拍了更多的照片，玩得很开心。我有许多很好的拍摄经历，那天下午是其中之一。我觉得拍摄良好的一部分原因来自我自己，因为与平常相比，我关注到的事物多了很多。可能正是因为这样，我拍的那些照片呈现出来的效果也更好了。

3.15.3 我乘公共汽车回弗吉尼亚，在离家不到一英里的地方下了车。这是我熟悉的路，在车上我就一直期待着好好走一下这段路。然而，下车时，我感到自己的状况十分糟糕，一身疲惫，饥肠辘辘，只想着赶紧结束行程。大概走了一半路程，我发现自己竟忽视了身边经过的事物，根本没有看到它们。于是我开始留意周围的环境，并试图让自己置身于环境中。但是五秒钟之后，我的思绪再一次飘走了，它“不受控制”。当我步履维艰地走过一段杂草丛生的近路，才发现我都没有注意到路况，之后我好好地嘲笑了自己一番。

3.15.4 心情不好的时候，我更容易注意到气味，尤其是那些令人不愉快的气味。

3.15.5 我沮丧时很容易发现人们的坏品质。我开始注意别人的缺点，而这些原本是不会困扰我的。

3.15.6 上周四下午，我去日用杂货商场采购。那里每样商品看上去都很糟糕。商场没有我所需要的。因为我没有带身份证，所以收银员不接受我的食物购买券。我十分懊恼。我每看一处，就能看到有一样东西，其细节表明了这个商场多么糟糕。我记得自己注意到四根巨大的金属柱子，上面是我正置身其中的商场的电子标志。我心中闪过一丝不悦，似乎在说："多浪费资源啊！在这个疯狂的国家里，所有人都知道这么做就是浪费。"我吃惊地发现，自己竟因为如此小的一件事就心烦意乱，但却并不能改变这种消极的情绪。我回到家，睡了一个闷觉。

3.16 在特定的时刻，人们可能会与外界产生强联系。

3.16.1 我坐在常坐的长凳上，面朝两幢棕色的房子以及网球场后面的几棵松树。我经常在那里打网球。当我凝视松树的时候，太阳从云朵后面露出片刻，几只喧闹的鸟儿掠过房子。忽然，我觉得非常宁静，而不是内心阴冷。我感到平静，仿佛整个世界都是安静的，我看到世间万物也都是温暖的。

3.16.2 在刚过去的夏日，有天我驾车穿过韦拉扎诺大桥。忽然我心情大好，感觉与身边万物相处和谐。大桥矗立在那里，十分坚固。大桥结构的每个地方都值得品味。与此同时，我感到自己与桥有了某种精神上的联系。我站在桥上，这种状态一直延续着。我清晰地记得那个生动的场景。

3.16.3 星期三，我去博物馆做关于夏克教派的研究。我驾车在林木茂密的乡间小道上开了很长一段，可是在整个路程中我真的没有关注什么，我沉浸在自己的思绪中。行至博物馆，我继续沿着内部车道前行。这条道挺长，我最终将车停在了停车场，从那里可以俯瞰山谷。在走出车门那一刻，我有了一种强烈的体验。春日的暖风轻拂脸庞，我贪婪地感受着春天的气息，然后眺望面前的山谷。在那一刻，我理解了夏克教派的信徒为什么按自己选择的方式生活。在持续数月的研究中，我第一次感觉到，我能够理解他们对于秩序和美的热爱。此刻就好像那个地方的遗产融入了我的身体。

3.17 在家性与相遇之间存在着关联。

3.17.1 来到伍斯特后，我搬进了一个公寓。让我不舒服的是，我的室友和这个地方都很“邋遢”。我的确注意到，有时我会因住的环境不舒心而没有精力做新的事情。我为生活环境心烦意乱，除了基本的、必须做的事情，我对其他任何事情都没兴趣。我重新上学的原因之一就是希望获得个人成长，即尝试新的事物。但是，公寓的环境令我沮丧，我不想做任何事。在这段日子中，我都没怎么努力学习。换了公寓之后，我因为与自己喜欢的人同住而感到开心。我拥有了更多的能量，可以投入新的事情中，重新唤起对生活的兴致。例如，我参加了陶艺课，去疗养院做护工。我的内心更加自由，这促使我积极投身于自我之外的事情。

3.17.2 我在同一个城市住了五年，感到很自在。我很轻松地拥有了一切。我有工作、有朋友，住的地方很舒适。问题是每件事都“过于”美好，生活毫无新意。一天，我突然意识到自己的这种处境，害怕起来。我发现自己将这样虚度余生。我告诉自己：“你必须摆脱这种一成不变的生活。”我决定重新回到学校，来做一次改变。

附录 B

对克拉克大学环境体验小组的评论

以下评论讨论了环境体验小组作为学习过程的价值。我把以书面形式提交的评论标上了星号（*）。尽管我要求所有参与者都要和我谈论小组体验，或以书面形式描述小组体验对他们的影响，但并非所有人都做到了。我在这里收录了所有收上来的评论。并做了一些编辑，以使文字更流畅。

评论 1*

当想到上学期环境体验小组的讨论为我带来了什么时，我感到非常兴奋。我不知道我在此能否表达出从小组中获得的一切，但我会尽力。通过了解那些似乎对我的环境体验有重大影响的因素，我对自己有了更深入、更全面的了解。我的头脑和身体逐渐适应了以前从未注意到的移动和静止，并体悟到空间的意义。我现在比以前更充分地意识到某些需求。无意识的领域正在变得越来越有意识：当意识到日常生活中存在那么多想当然的时候，我开始越来越兴奋。

我的身体活动中有一种我从未见过的美，它呈现在流动的秩序和安置之中。有时，我觉得自己所在的地方（如我的家、我的学校）和所处的环境（如我对他人的需求、我对隐私的需求）是一个全新的世界，我很欣赏所有这些东西，我对它们在我的生活中所扮演的重要角色有了更深入的了解。我想分享我的兴奋。帮助他人（尤其是孩子）理解这些东西的想法，给予了我人生的意义。我觉得自己以前从未见过或关注过这些东西。

评论 2*

环境体验小组使我更加意识到，我以前是通过“身体知识”操作许多动作和习惯的。这个过程通常是隐性的。发现我们在不知不觉中，就人与环境的相互作用做出了许多假设，这既令人兴奋，也让人不安。我从未想过环境不仅会改变我们的情绪状态，还会影响我们的行为。

以前，我知道情绪状态会体现在我们生活空间的安置方式中，但并没有意识到生活空间的安置对情绪状态也有影响。

小组也提供了有价值的教学环境。我了解了现象学方法的一般特征，并开始理解地理学家的一些担忧。

评论 3*

我认为，小组工作最重要的是，它展示了一种让我尊重的学习方式。在捕捉现象而不是操纵它们，并彼此分享这些观察结果时，我觉得我们似乎已经接受了事物并接受了事物本身。我的许多朋友感到他们在学业和其他（更相关的）学习体验之间存在差距。对我来说，我们在小组中所做的工作解决了这个问题。我不会感到分裂；在克拉克大学学习的过程中，了解自己也是学习的一部分。小组学习促使我坚决地回到学校。

完全出乎意料的一瞥，竟成为塑造我行为的最基本的力量，这令我兴奋。我进一步认识到，自己根本无法控制日常的许多动作。我感觉到尝试采用不同的方式，对于我自身的体验非常重要，就像是理解一种很难改掉的习惯，如啃指甲；或者像是弹奏一支新的钢琴曲，力图更好地呈现每个有难度的片段。在刚刚过去的这个暑假里，我不得不适应新的居住环境，而环境体验小组的发现对我很有用。这让我能够认识到惯常、中心和熟悉路径的重要性，并能够有勇气做新探索。

例如，在整个夏天，我注意到的一件事就是我住的房子变成了家。我找到了一种中心感，它让我平稳地度过情绪波动和躁动的时刻。这种感觉极为重要！有人借给我床单，因此我不必再睡在睡袋中。我把床搬回卧室。当我刚来的时候，它在起居室里。因此，我就有了起居空间和睡眠空间。这个夏天最好的事情之一就是拥有这个临时的房子。我在那里打扫卫生、归置东西。拥有一个属于我的地方真是令人愉快。

这个暑假最让我感兴趣的是忽视的现象。我通常事后发现，自己无数次陷入某种情境之中，以至于忽视了外界，然后感觉不像是自己经历了此事。我发现，有时候忽视与我设定的目标相关。例如，我去鹈鹕峡谷徒步旅行，制订了雄心勃勃的计划，即返回时沿着另一个峡谷走，走一条不同的路。虽然我有了全天的计划，但是实际的徒步几乎是自动进行的，计划形同虚设。某一刻，我完全被随机的想法主宰，竟改变了路径。几分钟后，我忽然意识到我走到了哪里，并意识到我对刚经过的四周环境毫无察觉。

那是令人沮丧的一天，我大部分时间都花在匆匆赶赴下一个地标景观的路上。想想自己开车时做的很多事情，我发现自己其实经常没有意识到在向哪里开。一路上我常想，是否有一种办法能使我更关注当下开车的事。这个发现得益于参加小组活动。若是在过去，我可能意识不到这种忽视，至少现在我意识到了。或许我能适时找到一些方式克服这种忽视，从而真实地观察和亲历每时每刻发生在我身边的事。

评论 4*

我觉得环境体验小组的许多事情都是我学术生涯中很重要的经历，它们使我对自己和日常生活有了新的认识。认识自我是一种学习，我很重视。我们通过探究日常体验，分析团队成员的反馈，发现了清晰的移动模式、中心模式和相遇模式。从前，这些模式都被认为是理所当然的。这并不是说我们的发现太深奥，别人理解不了；事实正好相反。我们发现的这些模式是可以被理解的，因为它们具有普遍性。也就是说，我们（也许）可以对人们在日常世界中扮演的角色提出一般性的假设。例如，我们是有中心的存有，我们的许多活动是习惯性的和半自动的。

评论 5*

从一开始参与环境体验小组，我就有意识地在做两件事：关注我对身边环境的体验；努力将其他人的环境体验模式与被讨论到的现象学方法、小组的发现联系起来。

我喜欢把在学校学到的东西应用到日常生活中。当知道人们大多时候都按惯例行事，且了解了关于身体知识的理论之后，我试着去关注自己或其他人日常如何使用时间，发现或许可以用身体知识解释特定行为。我并没有有意识地应用这些概念，当我试图理解某事或观察人们的行为时，它们会自然地出现在我的脑海中。

我想说的是，我一直坚持做小组作业，它已经成为我日常生活的一部分。我想这是因为每周都有任务。每周我都会留意自己的行为，关注特定的主题，同时留意前一周讨论的主题，以及我们讨论过的全部内容。同样地，我还开始留意别人的行为。通过这种方式，我发现自己已经把身体知识和注意（或不注意）、中心、日常芭蕾等概念整合到理解、描述和解释行为的方法库中。我现在就这么思考问题。我不用费力去尝试或计划着注意行为。

我已经对应用这些（对我来说）新的想法产生了兴趣，喜欢小组交流、经验分享、成员互动，能从那些理解我的兴趣和热情的人那里获得回应。我确实觉得和小组成员有特殊的联系，就好像我们在同一时间以同一种方式分别或共同发现了某些东西。我们往来密切，这或许是因为我们分享了体验，而非专业知识或那些在大多数大学课程中学到的能力。我一直坚持的原因是，我对所讨论的主题很感兴趣，并且对小组成员很有感情。如果不是在这个小组，我可能不会以任何方式遇到他们。

评论 6*

环境体验小组的一个好处就是，每周能见同样的人，并发现其他人在遇到我所讲述的情况时也会像我那样做。这个感觉特别好。讨论我们在日常生活中所做的事情而不去思考它们，这很有意思。这些讨论帮助我更加清楚地认识到我是如何构建自己的生活的，以及事物和人的“秩序”如何塑造身体和情感。

例如，假期一结束，我搬到了另一个宿舍。我在新宿舍收拾东西时，意识到我码放书籍、衣服等的位置跟原来宿舍里的一样。这无疑肯定了我在原来房间里摆放物品的“逻辑”。

评论 7*

大约一分钟前，我走进家里的房间，反复考虑是否要写这份报告，最后决定不写了。这时我脑子里闪过的要做的事是“看看几点了”。我向昨晚放钟表的地方看了一眼，惊讶地发现，它不在那里。我马上记起，我把它挪到了离床更近的地方，这样闹钟响时就听得更清楚了。我大笑起来，意识到这是一个很好的由头，可以将它写下来，作为我对环境经验的观察。我认为，如果从钟表的例子引申，它准确地描绘了新收获的知识如今指引着我的环境体验观。

当开始小组体验时，我是克拉克大学社区的新人，所以能够注意到在做某件事时我是如何将自己安放在环境中的。虽然我对自己行为的观察与小组中的其他人没有什么不同，但我能看到我与环境的互动在深化。我不用每天都得熟悉这里的环境，这个环境不久便成为我的环境了。可以肯定地说，我一到克拉克大学就开始形成惯例。我确定了去往不同建筑物的步行路线，选择了住在房间的哪侧，然后以特定的方式摆放东西。最终我可以自在地在房间里移动，不需要考虑东西在哪里。

我认为，上面提到的各点都是通过与小组一起做特定练习获得的。我如今再看自己和自己所处的环境，就有了一定的视角。观察和实践帮助我们意识到，我们是如此忽视我们的环境，与环境的互动可以让我们更积极地融入环境。虽然我可以更容易地控制与环境的互动，但这并不是说，对于家、中心、习惯性的路径等，我完全不用开展主体的探索。从每次步行的方式来看，我已经对某个特定的地方产生了依恋。改变钟表位置的例子说明，我当时参与构建了新环境。一个人一旦适应了他所处的环境，就不太可能再像以前那样与环境相处了。他在处理日常事务时会有多种选择，因为他现在比过去更清楚地意识到环境到底是什么样的。

评论 8*

很遗憾，下半学期我没能经常参加小组讨论，所以有点不太了解进度。我对小组讨论的话题很感兴趣，它让我对自己平时的移动有了更清晰的认识。非常好的是，待在家里的一周，我思考了自己是不是以家为中心，而小组讨论的话题帮我梳理了自己的想法，思考了自己走在路上的感受。它还促使我从特定的视角思考过去两年的生活。在这两年里，我待过四个城市，住过很多房子，并花了大量时间去旅行。

评论 9*

我加入了环境体验小组，但并不真正了解它要做什么。现在我虽然已经了解得比较多了，但还是有不太清楚的地方。

关于外部环境的练习是小组活动中最有启发性的部分，如重新摆放家具，尝试走不同的路。这些练习与每周的讨论相结合，让我对自己的日常生活有了更深刻的认识。我不确定这是好还是坏。我知道，要认识我做的每件事的意义很难，但这种知识的增长有时可以帮助我重新审视和评估自己的行为，并相应地做出调整。

评论 10*

小组活动有助于我把东西组合在一起。例如，在自己的地方重新安放东西。它给了我一个探索事物的机会，能让我把事情弄清楚一点。

对我而言，有些主题更有益。例如，走不同路线的任务敦促我思考，自己这一天要去哪里，为何总是走某些路线而不是其他路线。我开始注意到自己可能会迷路。我最近一直在思考“中心”这个问题，因为我要搬到校外的公寓去住了。我想知道我的中心在哪里。与宿舍不同，公寓总会有很多人。我会到其他地方转转，而不是总待在公寓里。这个小组真的能让我更多地思考我曾经思考过的事情，思考我为什么要这么做。

评论 11

我确实在小组里学到了很多。在参与小组活动之前，我也有类似的思考，思考自己是如何生活的，但是在这里我学会用直接的方式思考了，这样更有意义。昨天晚上，我读了一些自己写的关于领地性的东西。我曾建了一个模拟模型，但是现在我通过小组学习有了新的认识，不会再像以前那样看待领地性了。这个模型虽有创意，却证明不了什么。我认为领地问题并非我以前所认为的那样。我从前认为个人尺度和国家尺度都是一样的，现在觉得它们有很多不同。我现在对个人尺度有了更多的了解，但是还不清楚事物如何能在国家的范围内运作。如果把事物放大到足够大，你会发现人的有些需求是相同的，但我不认为这种比拟能够让尺度放大到我以前想的那样大。环境体验小组帮助我认识到，个人和国家之间存在着不同。大多数人在日常生活中很少考虑到他们所在的国家，并将之作为一个政治单位，除非被迫考虑。譬如，思考是否会被杀害，或是否“跟错”了政党。一般来说，人们只关心他们的日常生活。我不认为他们会考虑到政治边界，诸如“因为我是美国人，所以我更安全”，而是认为安全来自其他原因。人们也不会过多地从区域的角度来考虑问题，平时并不会想到，住在东部或中西部是会影响思维方式的。人们会认为那与生活方式没太大关系。

环境体验小组帮助我认识到，我过去一直在用通行的思维看待自己。我一直认为，自己的生活方式与政治和国家大事没有太大关系。环境体验小组给了我更清晰的视角，以及更清晰地思考这些问题的方法。不能说在加入这个小组之前我没有观察过事物，但我想我没有那么清晰地注意到事物。

对我来说，我们关注的重要主题之一是秩序，似乎处处都有秩序。

例如，东西摆放的秩序。我回家后想做的一件事是整理所有的文件、书籍，把每样东西都放回它们原来的位置。中心化这个主题对我也很有帮助。“我要回家了，家就是我的中心。”这句话就是“注意”的例子，我如今也能发现这方面的现象。我去渥太华看一位朋友，进门第一件事就是去她的卧室。那里就是我的中心，我的一切活动似乎都是从卧室出发的。因为有了中心，所以我觉得所有事情也都有了秩序。我在渥太华的时候就有这种感觉。中心可以让你知道自己在做什么，外界也由之与你联系在一起。一次我去纽约看望朋友，发现自己并不喜欢那次旅行，因为我的朋友非常了解这个城市，而我却对它一无所知。当和他在一起的时候，我不知道我在哪里，完全迷失了方向。但是，自己去纽约那次我很喜欢，因为我建立起了对纽约的空间组织感。我想正是这种空间组织感，让我可以在城市里四处走动。我在渥太华也是一样。令人兴奋的是，我当时有一辆车，可以自己开着车去了解这个城市。那种感觉真的很棒，因为一切都可以由自己掌控。

当小组讨论的主题变得更难，需要仔细思考时，小组作业就没有太大的帮助了，因为这些主题不再是具体的例子，不像是说“我要去这里，去那里”。如果不依据个人的体验去思考，就不会理解主题的内涵，这些主题变得更哲学化。我认为它们是关乎原真性的主题，尤其是像“中心”“视野”这样的主题。一次，我有好几天都不怎么住在家里。忽然有一天，我觉得自己必须回家了。有时人们希望自己很活跃，但活跃之后又会什么都不想做。

我认为，知道如何生活很重要。我们在小组中所做的是观察我们通常认为理所当然的事物，从这个意义上说，这是十分有益的。我现在更清楚我在做什么，我要去哪里，我为什么在这里，以及我有时会忽视一些东西。我也知道了身体—主体与习惯形成的关系，这就像组织论文框架一样。我会把我引用的论文和著作放在它们该在的位置上，这样的放置会成为习惯。因为我现在能有意识地注意到习惯的力量，所以未来我可能会变得更有条理。

读研究生期间我能更多地参与这样的小组讨论。我认为自己可以，但也不太确定。我了解规划和污染防控，知道需要考虑人们做得不妥的所有事情。我认为，可以把我们讨论后的发现运用到这两项工作中。我仍然认为我们所做的是理论上的工作。虽然它行之有效，并且基于不同的维度，但仍然是理论层面的。我们的讨论很好，讨论的是真实发生的或正在发生的事情。这种方法可以证明一切，就像给猴子吸食四天大麻，然后得出结论说大麻有害。类比的方法是，我们讨论人们经常吸烟的情况，以及吸烟对日常生活的影响。这也是一种模型，但它比我学过的许多其他社会科学理论更能与正在发生的事情联系起来。

评论 12

这个小组的讨论是有用的，它让我总能以不同的方式思考问题。以我在医院的工作为例，现在我会留意医院里的人们如何走动，这是我在参加小组活动之前没有注意到的。医院里的人有固有的出入模式，没人愿意尝试新的模式。医院建了一个漂亮的图书馆，里面有舒适的家具，但是大多数人从来没有进去过，因为他们有着固定的活动路线，不喜欢改变。

我似乎在努力寻找我们在小组中讨论过的那些经历，试着去理解身体—主体。大多数时候我只是注意与建筑相关的事物，并不关注户外其他事物。我花了几个星期的时间来了解习惯以及身体知识的可能性。如果不在了解习惯和身体知识的当时就思考其中的道理，我是不会注意到它们的。过去我很难敞开心扉地观察，因为那不是我习惯的学习方式。在参加小组之初，我也没有真正敞开心扉。

我很理解确定中心意味着什么，也能感受到它。我以前就知道它，但并不是把它称为“确定中心”。我把我的房间作为一个中心，这样我就有一个地方可以去，而其他人不会来，除非我想让他们进来。假期回家的时候，我就没有这个中心了。例如，客厅虽然没人坐，但是因为那里是妈妈的，也是给客人用的，所以我也不想弄乱它。我在家住了一阵子，每天花很长时间待在客厅看书，此时尽管妈妈会挪动我的书，但是我还是觉得那里已经成为我的中心了。

最后讨论的主题对我没什么帮助，它们挺模糊的，也没什么意思。

评论 13

我没有从小组中得到太多。有一点很有趣——最初几次我真的“投入”其中，就是画出日常活动的地图，更近距离地观察事物。我的动作让我着迷——想看看它们是如何在地图上成形的。随着时间的推移，我没有把主题任务作为常规的事情。我试着把这些主题和其他东西结合起来，发现很难把它们融入我的工作。我试着在某些日子坚持观察，但是能做的却越来越少。最后，我把经历从记忆中清除出来。有些主题比其他主题难，比如，我无法处理决定什么时候去哪里这个问题。即便能注意到，我也没有感觉。

我不想分析我的行为，只是希望自己所言有些价值。我喜欢聊天。我感觉自己过去有点被动，不知道能不能再参加一回这样的小组活动。我喜欢做心理学实验，喜欢做实验的主体。这要求我更像一个实验者，但我发现自己并不能清晰地思考许多主题。不过，我喜欢让事物变得更加具体生动，更加有哲理。

附录 C

环境体验小组的设立与讨论主题

附录 C 提供了按部就班的指导，以便更具体地帮助学生研究自己的地理经验，而这些经验在日常生活中通常被认为是理所当然的。如果附录 C 的规程能够真正得以操作，而不只是被阅读，那么效果会更好。即使学生只花几周时间参与这个项目，他也有可能在自身与空间、地点和环境的日常体验关系中获得重要的、新的视角。

第一步：环境体验小组的组织

虽然感兴趣的学生可以独自调查自己的日常经验，但小组形式的探索更加有效，能产生一系列的观察集合，其数量和多样性是个人很难获得的。就小组规模而言，克拉克大学环境体验小组的经验表明，成员以 5~8 名为宜。组员人数过少可能会减少自发的观察流动活动，组员人数较多则可能会限制参与机会。

克拉克大学环境体验小组每周在晚上开一个半小时的会，这个活动进行得很顺利。只要有一小部分人定期参加，会议就不会被不定期参加的人严重干扰。总的来说，与那些只是偶尔参会的人相比，有稳定出勤率的人从小组活动中获益更多。

小组进程需要有人指导，应该有一个人负责组织会议。在出现对观察内容讨论不清、停顿或其他尴尬情况的时候，负责人要提出相关联的问题。在每个讨论主题之下应有一组有助于讨论和解释观察结果的问题（下文有样例）。

第二步：围绕小组主题进行讨论

纯粹现象学没有限定经验是什么。因此，所有关于人类处境的经验报告都具有等同的重要性。报告越详细，揭示的生活内在动力越多。作为地理学家，虽然我们将兴趣限制在地理的经验世界里，但其中也包含大量与经验相关的内容。我们需要找到一些方法来组织这种复杂性，以形成一个简洁的框架，使该框架仍保留与原始的、具体的经验世界的真正联系。

克拉克大学环境体验小组是通过主题来组织活动的，每周的碰面会围绕一个特定的主题进行讨论，并且会提前指出这个主题可能很重要。组建讨论小组的人可以尝试讨论这些主题，并和其他看起来很重要的主题进行比较。

克拉克大学环境体验小组在两个学期中讨论的十七个主题见下文。小组成员应该在自己的日常经验中寻找与每周主题相关的具体情境，然后在碰面会上报告他们的经验，与其他小组成员分享他们的发现并验证其准确性。

第三步：解释观察结果

至少在最初几周，小组成员应简洁地报告观察结果，而不是试图去解释它。理论上讲，组员每周都应记下观察结果，并做成个人周记卡片。这项工作的开展需要不少时间和成本。另外，应有一名成员简要记录主题会议上分享的观察内容。四五周之后，小组可以回顾和讨论各个主题和观察结果。这时，小组成员可能希望将他们的发现与本书附录 A 中的观察进行比较。

随着团队进程的推进，小组成员很可能会注意到以前不曾关注的事物联系和模式。一方面，这些发现可能不是新的，只是说明成员曾多次经历类似的事件。另一方面，小组讨论力图展现出众所周知的、普通的情景，并发现这些情景之间潜在的相似性和彼此的联系。通过这些发现，小组成员可以进一步认识到生活在地理世界里意味着什么。

主题一：日常空间移动模式

记录未来一周内每天的空间移动模式。观察你每天去的不同地方，按时间顺序将其排列出来。如果可能的话，在一天结束的时候列出你的空间移动模式。理想的情况是，小组成员每天都能完成这项任务。但即便只有一天尝试这么做，也会获得重要的信息和观察结果。

关键问题：

1. 你的日常移动模式是否有时间和空间规律？
2. 在你每天移动的地理空间里，哪些是重要的地方和线路？
3. 你的日常移动模式中是否有若干经验性的时空动力类型？
4. 怎样才能最简单地表达出你的日常移动模式？

主题二：中心化

在这个主题之下，我们需要考虑：我们的生活空间中有一个还是多个中心？这些中心提供什么功能？为什么需要中心？一个没有中心的人，其生活质量是否会下降？你知道你生活中的不同中心吗？不同的生活方式如何影响中心的定位？你的日常生活中是否有多个中心？

关键问题：

1. 你是否有中心？

2. 中心能满足什么需求？

3. 中心有哪些种类？

4. 确定中心是人类日常经验的重要组成部分，失去中心是否会使人受到伤害？

主题三：关注行为

观察我们的关注行为。什么时候我们会注意到外界事物，尤其是实体环境中的事物？我们什么时候触摸到、看到东西，什么时候听到声音，什么时候嗅到气味？怎么理解注意的状态？我们一直处于注意的状态中吗？当我们没有注意到事物的时候，会发生什么？为什么我们在某一时刻会注意到某事，在另一时刻却又注意不到呢？有些人比其他人更了解外面的世界吗？什么会影响到注意？对上述问题的扎实观察会深入揭示什么？

关键问题：

1. 是什么触发了关注？是实体环境的某些特点还是人所处的某种状态？

2. 关注有强度吗？一个人建立与外界的联系会因时而异吗？

3. 一个人在某种情境下，是否会体验到结果与所关注的事物完全相反？

主题四：空间移动

我们如何出行？过程是怎样的？我们是否总是沿着相同的道路去往同样的地方？我们会选择什么线路去某地？简单地说，移动的体验是什么？

自己做实验：给自己设定一天（或更长）的时间，在去某个地方时走一条与平时不同的路线。为了保证开展多次尝试，可选择在那一天多去几处地方。你能完成这个实验吗？当走新的路线时，你有什么感受？

关键问题：

1. 我们身体的哪部分负责日常活动？
2. 当常规的移动模式被打乱时，会发生什么？
3. 日常活动的每个方面都是习惯性的吗？

主题五：在空间移动时我们注意的事情

前面的主题考虑了我们如何在空间中移动。现在，我们要更详尽地阐述移动时所发生的事情。例如，当我们移动时，我们注意到了什么，没有注意到什么？不同的交通方式如何影响我们的移动感受？道路的类型（如人行道、偏僻的小路、石子路、高速公路）对我们的移动体验有什么影响？显然，这个主题与主题三、主题四密切相关，但又有足够的差异，可以让大家分开来考虑。

关键问题：

1. 移动时，哪些东西会影响我们的注意力？
2. 我们在移动时会关注什么？
3. 移动的体验可以被分解为片段吗？

主题六：与地方相关的情感

我们对特定的地方有特殊的感觉吗？特定的时间、特定的环境或特定环境中的事物会唤起我们的情感吗？与地方有关的情绪是否包括愤怒、烦恼，或快乐、满足、平静？你是否对常去的地方抱有情感？“心在哪里，家就在哪里”这句老话是经验意义上的吗？如果可以的话，试着在与地方、空间和环境有关的情感出现时捕捉到它们。

关键问题：

1. 在小组成员看来，哪些情感可以作为地方情感？

2. 能唤起人们情感响应的地方有什么共同特征？

3. 地方情感是如何产生的？一个人在情感上与特定地方产生联系，这需要时间吗？

主题七：物品摆放的地方或把物品摆放在某处

虽然这个主题好像没有什么可谈的，但我们仍希望找出这个主题之下的生活体验的重要性。我们为何要让物品各在其位？物品如何摆放才能让我们的身体活动自如？习惯性的日常惯例与地方有什么关系？在你的生活中，把物品摆放在原处对你有多重要？你会如何摆放物品？这个主题在什么环境下是重要的？

自己做实验：有意识地把一个物品从原来固定摆放的地方挪到另一个地方。例如，改变毛巾、闹钟、椅子等物品的位置，观察自己的反应。

关键问题：

1. 你在工作中是否发现物品摆放位置是有规则的？

2. 你认为在哪种尺度的环境中“把东西放在该放的地方”很重要？

3. 井然有序的环境是否提高了日常生活各个方面的质量？它是否会

以某种方式减损？

4. 你是否发现了日常行为和物品位置之间存在相互支撑的辩证关系？

主题八：决定何时去往何地

前几个主题集中在空间移动的两个方面：移动的过程、我们移动时注意到外界事物的经历。现在我们需要调查人们决定去哪里的实质。在什么情境下我们会决定去某个地方？在这样的情境下我们总会做相同的决定吗？将注意力集中在一些特定的活动上，可能会帮助我们理解这个主题，如去喝水、去洗手间、去吃饭、去上课，去一个平时不去的地方等。最有用的观察是那些能在决策发生时抓住事物本质的观察。

关键问题：

1. 决定是如何做出的？

2. 决定总是一样的吗？

3. 决定与实际的移动、旅行目的地有什么关系？

主题九：背离中心的分散

到目前为止，我们的发现表明，身体会通过重复动作建立起固定的行为模式，如移动模式、摆放东西的模式。本周，我们希望从身体的角度来考虑位置的作用。换句话说，我们是否为自己设定了位置？例如，当站在一个东西的前后或后面时，我们需要思考自己是否总是站在同样的位置上。在我们所处的各种微观环境中，我们是否已经习惯了特定的位置和方向？

自己做实验：思考一下你平日站在洗手盆、书架、桌子边的位置，以及在房间里和在户外常待的位置。然后，试着改变其中一个位置关系，看看会发生什么。你的感觉如何？你能坚持多久？

关键问题：

1. 你是否注意到了自己的习惯在日常移动中的重要性？这种习惯处在多大尺度的空间中？

2. 你的身体姿势什么时候需要改变？例如，戴一副新眼镜，背一个新背包。这是否会打乱你的日常习惯？

3. 做实验的时候发生了什么？你能完成实验任务吗？这个任务是否在你通常认为理所当然的情况下带来了不便？

主题十：目的地

前面关于日常移动的主题都聚焦于如下问题：我们在空间中如何移动？移动时我们会注意到什么？我们如何决定何时去某个地方？关于移动的另一个重要话题是移动的目的地在日常旅行中的作用。目的地对我们很重要吗？没有目的地的旅行与有目的地的旅行有什么不同？真的有没有目的地的旅行吗？日常活动中的目的和目的地之间有区别吗？

关键问题：

1. 是否存在无目的地的旅行？

2. 意向性的概念与你的观察有关吗？你有没有注意到一些无目的的旅行？

3. 是不是有其他尺度的移动，这重要吗？例如，在一个较小的范围内移动，可能指在家的周围走走，也可能指在房门外走走。

主题十一：迷失方向和迷路

我们已经探索了秩序在日常经验中的重要性，如我们走的路线，我们放置物品的地方，我们在不同情况下安放身体的方式。下周的话题非常有用，我们要思考我们迷路或迷失方向的具体情境是什么。在这种情境中，我们的空间秩序被打乱，或者没有建立起空间秩序。除了尝试捕捉迷路时的感受，你可能还要回想一下，你是在什么情境下迷路的。你还要与其他小组成员讨论他们的经历。你彻彻底底地迷过路吗？人在什么情况下会迷路？被带着走的人会失去方向感吗？

关键问题：

1. 在哪些情况下，你日常移动的空间秩序会被打乱？

2. 实体环境设计在空间定位上是否有作用？例如，在哪些建筑物里，或在哪些地方，你特别不容易进行空间定位？

3. 当迷路或迷失方向时，你是否有一些重新找到方向的方法？

4. 你是否有可能搞混时间，就像在空间中迷失一样？

主题十二：关心与拥有

在我们与地方的关系中，地方依恋可能被认为是自然而然的。你关心什么地方？这种关心是如何产生的？从个人的某些方面来看，是否有一些地方属于你？你如何让一个地方成为自己的？是否有些地方具有关怀精神，有些地方冷漠疏离？

为了便于思考，你可以列出生活中对你意义重大的地方，也可以与其他小组成员讨论他们所关心的地方。

关键问题：

1. 每个人所列清单上的地方包括哪些类型（如家）？

2. 一个人在一个地方的经验和他对该地方的关心有什么关系？关注该地方会产生什么影响？

主题十三：忽视与沉浸

在讨论主题三时，我们探讨了关注或注意的概念。现在，让我们试着看看当没有注意到外部世界的时候，我们处于什么状态。当处于这种状态时，我们在做什么？是不是有些人比其他人更容易陷入忽视的状态？人们移动的终点在忽视中起什么作用？

关键问题：

1. 如果你一周都与周围环境没有接触，那你是否还能掌控自己？

2. 日常活动与忽视有联系吗？也就是说，如果我们能驾轻就熟地完成一件事，或非常熟悉一条路线，这是否会让我们自动完成动作？

3. 在你的生活中，忽视是一种解放或约束的力量吗？

主题十四：路径、对指示物的依赖

在过去几周，我们研究了按习惯路线行走的本性，以及我们对空间某些点的依恋。接下来让我们把注意力放在依恋关系和我们的习惯路线上。我们是否钟情于一些路线？哪些路线会对你有特别的意义或给你带来不好的感受？沿途有没有对你有意义的地方？请举出这样一个例子，它或许能揭示出你是如何走向目的地的。

关键问题：

1. 你有没有发现，有些路走着比其他路舒服？哪些因素可以解释这一点？

2. 在你的感觉里，同一条路的往返长度是一样的吗？在往返时，你是否依靠不同的指示物去往目的地？

3. 沿途什么样的景点对你有特别的意义？

主题十五：秩序

在我们的小组讨论中，秩序一直是一个很重要的潜在主题，贯穿于我们的许多观察。现在，我们需要更详细地观察秩序在我们日常生活中的体现，以及我们如何建立日常生活中的秩序。秩序是什么？它是如何延伸的？我们如何创建秩序？如果没有秩序会发生什么？

为了推进对这一主题的理解，我们要思考一下秩序是如何渗透在我们的生活中的，尤其是当我们与地理世界联系在一起的时候。你可以从床、房间、建筑、户外空间等方面来考虑这个问题，也可以从时间、社会关系和内心世界等方面来考虑。

这个主题有难度，很容易转化为抽象的思考，但还是希望我们的思考立足于坚实的、具体的基础，真正触及秩序的意义。

关键问题：

1. 秩序在你的日常生活中有多重要？

2. 秩序在你的生活中是如何成为一种约束或解放的力量的？

3. 如何建立秩序？秩序是如何自我维持的？

主题十六：春天

我们还没有仔细研究自然环境、天气以及其他环境现象。现在，让我们以“春天”为例，看看它是否会给我们带来变化。春天为何引人入胜？就我们而言，春天意味着什么？

关键问题：

1. 对你来说什么是春天的迹象？

2. 天气变化会如何影响你的空间经验？

3. 你的路线会因天气的变化而改变吗？

（本书前面没有解释对该主题的讨论。该主题反映了环境经验中的季节性，这需要更为详尽的现象分析。）

主题十七：中心与远方之间的张力

建筑师凡·艾克认为："人既着眼于中心，也着眼远方。"接下来就让我们考虑一下这个主题。它其实已经蕴含在其他主题中了。我们是否会在中心与远方、安全与陌生、安宁与漂泊之间摇摆？这是有难度的话题，可能需要更多的思考，而不仅仅是观察。我们对地理经验的描述需要这个压倒性的框架，它似乎像一把无形的伞，遮盖了我们发现的其他模式。

关键问题：

1. 在你的经验中，有哪些两极在起作用？

2. 秩序是否影响中心和远方之间的张力？

3. 你是否发现这种张力在你的生活中以不同的方式出现？

4. 你是否发现还有其他体现这种作用的模式，如季节之间的张力、周末与工作日之间的张力、每天不同时间之间的张力？

参考文献

Adams, John S. 1969, Directional Bias in Intra-urban Migration. *Economic Geography*, 45, pp.320-323.

Allard, Alexander. 1972, *The Human Imperative*. New York: Columbia University Press.

Allport, F. H. 1955, *Theories of Perception and the Concept of Structure*. New York: Wiley.

Appleyard, Donald. 1970, Styles and Methods of Structuring a City. *Environment and Behavior*, 2, pp.100-118.

Ardrey, Robert. 1966, *The Territorial Imperative*. New York: Atheneum.

Bachelard, Gaston. 1958, *The Poetics of Space*, trans. Maria Jolas. Boston: Beacon Press.

Backster, Cleve. 1968, Evidence of a Primary Perception in Plant Life. *International Journal of Parapsychology*, 10, pp.329-348.

Bannan, John F. 1967, *The Philosophy of Merleau-Ponty*. New York: Harcourt, Brace and World.

Banse, Ewald. 1969, Historical Development and Task of Geography. In *A Question of Place: The Development of Geographical Thought*, eds. Eric Fisher et al., pp.168-174. Arlington, Virginia: Beatty.

Barbour, Ian G. (ed.). 1973, *Western Man and Environmental Ethics*. Reading, Massachusetts: Addison-Wesley.

Barral, Mary Rose. 1965, *Merleau-Ponty: The Role of Body-subject in Interpersonal Relations*. Pittsburgh: Duquesne University Press.

Beck, Robert J., and Wood, Denis. 1976a, Cognitive Transformation of Information from Urban Geographic Fields to Mental Maps. *Environment and Behavior*, 8, pp.199-238.

——, 1976b, Comparative Developmental Analysis of Individual and Aggregated Cognitive Maps of London. In Moore and Golledge (eds.). (1976), pp.173-184.

Bennett, J. G. 1966, *The Dramatic Universe*, vol.3, *Man and His Nature*. London: Hodder and Stoughton.

Boal, Frederick J. 1969, Territoriality in the Shankill-Falls Divide, Belfast. *Irish Geography*, 6, pp.30-50.

——, 1971, Territoriality and Class: A Study of Two Residential Areas in Belfast. *Irish Geography*, 8, pp.229-248.

Bollnow, Otto. 1967, Lived-space. In *Readings in Existential Phenomenology*, eds. N. Lawrence and D. O'Connor, pp.178-186. Englewood Cliffs, New Jersey: Prentice-Hall.

Boorstin, Daniel. 1973, *The Americans: The Democratic Experience.* New York: Random House.

Bortoft, Henri. 1971, The Whole: Counterfeit and Authentic. *Systematics*, 9, pp.43-73.

Boulding, Kenneth. 1956, *The Image*. Ann Arbor: University of Michigan Press.

Brush, Robert O. and Shafer, Elwood L. 1975, Application of a Landscape-Preference Model to Land Management. In Zube et al. (eds.) (1975), pp.168-182.

Buckley, Frank. 1971, An Approach to a Phenomenology of At-homeness. In Giorgi et al. (eds.) (1971), pp.198-211.

Buttimer, Anne. 1972, Social Space and the Planning of Residential. Areas. *Environment and Behavior*, 4, pp.279-318.

——, 1974, Values in Geography. Commission on College Geography Resource Paper No.24. Washington, DC: Association of American Geographers.

——, 1976, Grasping the Dynamism of Lifeworld. *Annals of the Association of American Geographers*, 66, pp.277-292.

——, 1978, Home, Reach, and the Sense of Place. In *Regional identitet ouch förändringi den regionalasamverkanssamhälle*, pp.13-39. Uppsala: Acta Universitatis Upsaliensis Symposia.

Buttimer, Anne, and Seamon, David, 1980. *The Human Experience of Space and Place.* London: Croom Helm.

Callan, Hilary. 1970, *Ethology and Society*. Oxford: Clarendon Press.

Canter, David, and Lee Terrence (eds.). 1974, *Psychology and the Built Environment.* New York: John Wiley and Sons.

Carpenter, C. R. 1958, Territoriality: A Review of Concepts and Problems. In *Behavior and Evolution*, eds. A. Roe and G.G. Simpson. New Haven: Yale University Press.

Casey, Edward, 2009, *Getting Back into Place: Toward a Renewed Understanding of the Place-World* (2nd edition). Bloomington: Indiana University Press.

Chapin, F. S., and Hightower, H.C. 1966, *Household Activity Systems: A Pilot Investigation*. Chapel Hill, North Carolina: Institute for Research in Social Science, University of North Carolina.

Cobb, Edith. 1977, *The Ecology of Imagination in Early Childhood.* New York: Columbia University Press.

Coles, Robert. 1967, *Migrants, Sharecroppers, and Mountaineers*. Boston: Little, Brown Co.

——, 1973, *The Old Ones*. Albuquerque: University of New Mexico Press.

Cooper, Clare. 1974, The House as a Symbol of Self. In Lang et al. (eds.) ,pp.130-146.

Cosgrove, Dennis. 1978, Place, Landscape, and the Dialectics of Cultural Geography. *Canadian Geographer*, 22, pp.66-72.

Craik, Kenneth. 1970, Environmental Psychology. In *New Directions in Psychology*, 4, pp.1-121. New York: Holt, Rinehart and Winston.

——, 1975, Individual Variations in Landscape Description. In Zube et al. (eds.) (1975), pp.130-150.

Dardel, E. 1952, L'Homme et La Terre: Nature de Réalité Géographique. Paris: Presses Universitaires de France de Grazia, Sebastian. 1972, Time and Work. In *The Future of Time*, eds. H. Yaker et al. New York: Doubleday.

De Jonge, Derk. 1962, Images of Urban Areas: Their Structure and Psychological Foundations. *Journal of the American Institute of Planners*, 28, pp.266-276.

Donohoe, Janet, ed., 2017, *Place and Phenomenology*. New York: Rowman & Littlefield.

Downs, Roger M., 1970, Geographic Space Perception: Past Approaches and Future Prospects. In *Progress in Geography*, vol.2, pp.65-108. London: Edward Arnold.

Downs, Roger M., and Stea, David (eds.). 1973, *Image and Environment: Cognitive Mapping and Spatial Behavior*. Chicago: Aldine.

Downs, Roger M., and Stea, David. 1977, *Maps in Minds: Reflections on Cognitive Mapping*. New York: Harper and Row.

Durrell, Lawrence. 1969, *The Spirit of Place*. New York: Dutton.

Edie, J. M. (ed.). 1964, *The Primacy of Perception and Other Essays*. Evanston, Illinois: Northwestern University Press.

Eliade, Mircea. 1957, *The Sacred and the Profane*. New York: Harcourt, Brace and World.

Entrikin, J. Nicholas. 1976, Contemporary Humanism in Geography. *Annals of the Association of American Geographers*, 66, pp.615-632.

——, 1977, Geography's Spatial Perspective and the Philosophy of Ernst Cassirer. *Canadian Geographer*, 21, pp.209-222.

Fischer, Constance. 1971, Toward the Structure of Privacy: Implications for Psychological Assessment. In A. Giorgi et al. (eds.) (1971), pp.149-163.

Fried, Marc. 1972, Grieving for a Lost Home. In *People and Buildings*, ed. Robert Gutman, pp.229-248. New York: Basic Books.

Garfinkel, Harold. 1967, *Studies in Ethnomethodology*. Englewood Cliffs, New Jersey:

Prentice-Hall.

Giorgi, Amedeo. 1970, *Psychology as a Human Science: A Phenomenologically Based Approach*. New York: Harper and Row.

——, 1971a, Phenomenology and Experimental Psychology: I. In Giorgi et al. (eds.) (1971), pp.6-16.

——, 1971b, Phenomenology and Experimental Psychology: II. In Giorgi et al. (eds.) (1971), pp.17-29.

Giorgi, Amedeo, Fischer, W. and Von Eckartsberg, R. (eds.). 1971, *Duquesne Studies in Phenomenological Psychology*, vol. 1. Pittsburgh: Duquesne University Press.

Giorgi, Amedeo, Fischer, C. and Murray, E. 1975, *Duquesne Studies in Phenomenological Psychology*, vol.2. Pittsburg: Duquesne University Press.

Goethe, Johann Wolfgang von. 1952, *Goethe's Botanical Writings*, trans. Bertha Mueller. Honolulu: University of Hawaii Press.

——, 1970, *Theory of Colours*, trans. Charles Lock Eastlake. Cambridge: MIT Press.

Gottman, Jean. 1973, *The Significance of Territory*. Charlottesville, Virginia: University Press of Virginia.

Graber, Linda H. 1976, *Wilderness as Sacred Space*. Washington, DC: Association of the American Geographers.

Grange, Joseph. 1974, Lived Experience, Human Interiority and the Liberal Arts. *Liberal Education*, 60, pp.359-367.

——, 1977, On the Way Towards Foundational Ecology. *Soundings*, 60, pp.135-149.

Gregory, Derek. 1978, *Ideology, Science, and Human Geography*. London: Hutchison.

Guelke, Leonard. 1971, Problems of Scientific Explanation in Geography. *Canadian Geographer*, 15, pp.38-53.

Gulick, John. 1963, Images of an Arab City. *Journal of the American Institute of Planners*, 29, pp.179-198.

Gutkind, Ervin Anton. 1956, Our World from the Air: Conflict and Adaptation. In *Man's Role in Changing the Surface of the Earth*, ed. William Thomas Jr., pp.1-44. Chicago: University of Chicago Press.

Hägerstrand, Torsten. 1970, What About People in Regional Science? *Papers of the Regional Science Association*, 24, pp.7-21.

——, 1974, The Domain of Human Geography. In *New Directions in Geography*, ed. R. Chorley, pp.67-87. New York: Cambridge University Press.

Hall, Edward T. 1966, *The Hidden Dimension*. Garden City, New York: Doubleday.

Hardy, Thomas. 1965, *Jude the Obscure*. New York: Houghton-Mifflin.

Hart, Roger A. and Moore, Gary T. 1973, The Development of Spatial Cognition: A

Review. In Downs and Stea (eds.) (1973), pp.246-288.

Harvey, David. 1969, *Explanation in Geography*. New York: St. Martin's Press.

Hediger, Heini. 1949, Säugetier-Territorien und ihre Markierung. *Bijdragen tot de Dierkunde*, 28, pp.172-184.

Heidegger, Martin. 1962, *Being and Time*, trans. John Macquarrie and Edward Robinson. New York: Harper and Row.

——, 1971, Building Dwelling Thinking. In *Poetry, Language, and Thought*, trans. Albert Hofstadter, pp.145-161. New York: Harper and Row.

Hilgard, Ernest R. and Bower, G.H. 1966, *Theories of Learning*. New York: Appleton-Century-Crofts.

——, and Atkinson, R. and Atkinson, L. 1974, *Introduction to Psychology*. New York: Harcourt Brace Jovanovich, Inc.

Hillier, Bill, 1996, *Space Is the Machine*. Cambridge: Cambridge University Press.

Hirst, Rodney Julian. 1967, Perception. In *Encyclopedia of Philosophy*, vol.6, pp.79-87. New York: Macmillan Co. and the Free Press.

Hockett, Charles F. 1973, *Man's Place in Nature*. New York: McGraw-Hill.

Horan, Thomas A. 2000, *Digital Places: Building Our City of Bits*. Washington, DC: Urban Land Institute.

Hull, Clark. 1952, *A Behavior System*. New Haven: Yale University Press.

Ihde, Don. 1973, *Sense and Significance*. Pittsburgh: Duquesne University Press.

Ittelson, William H., Proshansky, Harold M., Rivlin, Leanne G. and Winkel, Gary H. 1974, *An Introduction to Environmental Psychology*. New York: Holt, Rinehart and Winston.

Jacobs, Jane. 1961, *The Death and Life of Great American Cities*. New York: Vintage.

Jager, Bernd. 1975, Theorizing, Journeying, Dwelling. In Giorgi et al. (eds.) (1975), pp.235-260.

James, William. 1902, *Principles of Psychology*, vol.1. New York: Henry Holt and Co.

——, 1958, On a Certain Blindness in Human Beings. In *Talks to Teachers*, pp.149-169. New York: W.W. Norton and Co.

Janz, Bruce (ed.). 2017, *Place, Space and Hermeneutics*. Cham, Switzerland: Springer.

Josephson, Eric, and Josephson, Mary (eds.). 1962, *Man Alone: Alienation in Modern Society*. New York: Dell.

Kaplan, Steve, and Kaplan, Rachel (eds.). 1978, *Humanscape: Environments for People*. North Scituate, Massachusetts: Duxbury Press.

Keen, Ernest. 1972, *Psychology and the New Consciousness*. Montery, California: Brooks/Cole Publishing Company.

——, 1975, *A Primer in Phenomenological Psychology*. New York: Holt, Rinehart and Winston.

Klett, Frank, and Alpaugh, David. 1976, Environmental Learning and Large-scale Environments. In Moore and Golledge (eds.) (1976), pp.121-130.

Klopfer, Peter H. 1969, *Habitats and Territories: A Study of the Use of Space by Animals*. New York: Basic Books.

Koch, Sigmund. 1964, Psychology and Emerging Conceptions of Knowledge as Unitary. In *Behaviorism and Phenomenology*, ed. T. W. Wann, pp.1-45. Chicago: University of Chicago Press.

Kopec, Dak, 2018, *Environmental Psychology for Design* (3rd edition). New York: Bloomsbury.

Krawetz, Natalia. 1975, The Value of Natural Settings in Self-Environment Mergence. Paper presented at a symposium, "Children, Nature, and the Urban Environment", George Washington University, 21 May, sponsored by US Forestry Service.

Kwant, Remy C. 1963, *The Phenomenological Philosophy of Merleau-Ponty*. Pittsburgh: Duquesne University Press.

Lang, Jon., Burnette, C. Moleski, W. and Vachon, D. (eds.). 1974, *Designing for Human Behavior: Architecture and the Behavioral Sciences*. Stroudsburg, Pennsylvania: Dowden, Hutchison and Ross.

Langan, Thomas. 1959, *The Meaning of Heidegger: A Critical Study of Existential Phenomenology*. New York: Columbia University Press.

Lee, Dorothy. 1959, *Freedom and Culture*. New York: Prentice-Hall.

Lee, Terence. 1968, The Urban Neighborhood as a Socio-spatial Schema. *Human Relations*, 21, pp.241-268.

Leff, Herbert. 1977, *Experience, Environment, and Human Potentials*. New York: Oxford University Press.

Ley, David. 1977, Social Geography and the Taken-for-granted World. *Transactions, Institute of British Geographers*, 2, pp.498-512.

Ley, David and Cybriwsky, Roman. 1974, Urban Graffiti as Territorial Markers. *Annals of the Association of American Geographers*, 64, pp.491-505.

Ley, David, and Samuels, Marwyn (eds.). 1978, *Humanistic Geography: Problems and Prospects*. Chicago: Maaroufa Press.

Leyhausen, Paul. 1970, The Communal Organization of Solitary Mammals. In Proshansky et al. (eds.) (1970), pp.183-195.

Lindsey, Robert. 1976, Los Angeles Car Habit Hard to Break. *New York Times*, 20 October, p.26.

Lloyd, Wyatt J. 1966, Landscape Imagery in the Urban Novel: Sources of Geographic

Evidence. In Moore and Golledge (eds.) (1976), pp.279-285.

Lorenz, Konrad. 1966, *On Aggression*. New York: Harcourt, Brace and World.

Lowenthal, David. 1961, Geography, Experience, and Imagination: Toward a Geographical Epistemology. *Annals of the Association of American Geographers*, 51, pp.241-260.

Luijpen, William A. 1960, *Existential Phenomenology*. Pittsburgh: Duquesne University Press.

Lyman, Sanford M. and Scott, Marvin B. 1967, Territoriality: A Neglected Sociological Dimension. *Social Problems*, 15, pp.236-249.

Lynch, Kevin. 1960, *The Image of the City*. Cambridge: MIT Press.

MacLeod, Robert Brodie. 1969, Phenomenology and Cross Cultural Research. In *Interdisciplinary Relationships in the Social Sciences*, eds. M. and C.W. Sherif. Chicago: Aldine.

Malmberg, Torsten. 1979, *Human Territoriality*. The Hague: Martinus Nijhoff.

Malpas, Jeff E. 2018, *Place and Experience: A Philosophical Topography* (2nd edition). Cambridge: Cambridge University Press.

Maslow, Abraham. 1968, *Towards a Psychology of Being*. New York:Harper and Row.

——1969, *Psychology of Science*. Chicago: Henry Regheny Co.

McConnaughey, Bayard H. 1974, *Introduction to Marine Biology*. St Louis: C.V. Mosby Co.

McCullough, Malcolm. 2004, *Digital Ground*. Cambridge, Massachusetts: MIT Press.

Merleau-Ponty, Maurice. 1962, *Phenomenology of Perception*, trans. Colin Smith. New York: Humanities Press [originally 1945].

——, 1963, *The Structure of Behavior*, trans. A.L. Fisk. Boston: Beacon Press.

Metton, Alain. 1969, Le Quartier: Etude Geographique et Psycho-Sociologique. *Canadian Geographer*, 13, pp.299-316.

Meyrowitz, Joshua. 1985, *No Sense of Place: The Impact of Electronic Media on Social Behavior*. New York: Oxford University Press.

Miller, Vincent. 2016, *The Crisis of Presence in Contemporary Culture*. London: Sage.

Mitchell, William J. 1994, *City of Bits: Space, Place, and the Infobahn*. Cambridge, MA: MIT Press.

——, 1999, *E-Topia: "Urban Life, Jim—But Not as We Know It."* Cambridge, MA: MIT Press.

——, 2003, *Me++: The Cyborg Self and the Networked City*. Cambridge, MA: MIT Press.

Michelson, William. 1966, An Empirical Analysis of Urban Environmental

Preferences. *Journal of the American Institute of Planners*, 32, pp.355-360.

Moncrieff, Donald W. 1975, Aesthetics and the African Bushman. In Giorgi et al. (eds.) (1975), pp.224-232.

Moore, Gary T. 1973, Developmental Variations Between and Within Individuals in the Cognitive Representation of Large-scale Spatial Environments. Unpublished master's thesis, Clark University.

——, 1974, The Development of Environmental Knowing: an Overview of an Interactional-Constructivist Theory and Some Data on Within-Individual Development Variations. In Canter and Lee (eds.) (1974), pp.184-194.

——, 1976, Theory and Research on the Development of Environmental Knowing. In Moore and Golledge (eds.), pp.138-164.

——, and Golledge, R.G. (eds.), 1976, *Environmental Knowing: Theories, Research, and Methods*. Stroudsburg, Pennsylvania: Dowden, Hutchison and Ross.

——, 1976, Environmental Knowing: Concepts and Theories. In Moore and Golledge (eds.) ,pp.3-24.

Moran, Dermot. 2000, *Introduction to Phenomenology*. London: Routledge.

Morris, D. 1968, *The Naked Ape*. New York: McGraw-Hill.

Mugerauer, Robert. 1994, *Interpretations on Behalf of Place: Environmental Displacements and Alternative Responses*. Albany, New York: State University of New York Press.

Murch, G. M. 1973, *Visual and Auditory Perception*. Indianapolis: Bobbs-Merrill.

Nasr, Seyyed Hossein. 1968, *Man and Nature*. London: George Allen and Unwin, Ltd.

Natanson Maurice. 1962, Phenomenology: A Viewing. In *Literature, Philosophy, and the Social Sciences*, pp.3-25. The Hague: Martinus Nijhoff.

Newman, Oscar. 1973, *Defensible Space*. New York: Macmillan.

Nicholaides, Kimon. 1949, *The Natural Way to Draw: A Working Plan for Art Study*. Boston: Houghton-Mifflin.

Norberg-Schultz, Christian. 1971, *Existence, Space, and Architecture*. New York: Praeger.

Osgood, Charles. E. 1953, *Method and Theory in Experimental Psychology*. New York: Oxford University Press.

Pastalan, Leon A. and Carson, D. (eds.). 1970, *The Spatial Behavior of Older People*. Ann Arbor: University of Michigan Press.

Piaget, Jean and Inhelder, Barbel. 1956, *The Child's Conception of Space*. New York: Humanities Press.

Polanyi, Michael. 1964, *Personal Knowledge*. New York: Harper and Row.

——, 1966, *The Tacit Dimension*. New York: Doubleday.

Porteous, J. D. 1976, Home: the Territorial Core. *Geographical Review*, 66, pp.383-390.

——, 1977, *Environment and Behavior: Planning and Everyday Urban Life*. Reading, Massachusetts: Addison-Wesley.

Proshansky, Harold M., Ittelson, William H. and Rivlin, Leanne, G.(eds.). 1970, *Environmental Psychology: Man in His Physical Setting*. New York: Holt, Rinehart and Winston.

Rabil, A. 1967, *Merleau-Ponty: Existentialist of the Social World*. New York: Columbia University Press.

Rapoport, Amos. 1977, *Human Aspects of Urban Form*. Oxford: Pergamon Press.

Relph, Edward C. 1970, An Inquiry into the Relations Between Phenomenology and Geography. *Canadian Geographer*, 14, pp.193-201.

——, 1976a, The Phenomenological Foundations of Geography. Discussion Paper No. 21, Department of Geography, University of Toronto.

——, 1976b, *Place and Placelessness*. London: Pion.

——, 1981, *Rational Landscapes and Humanistic Geography*. New York: Barnes and Noble.

——, 1993, Modernity and the Reclamation of Place. In *Dwelling, Seeing, and Designing*, ed. D. Seamon, pp.25-40. Albany, New York: State University of New York Press.

——, 2018, Speculations about Electronic Media and Place. *Environmental and Architectural Phenomenology*, 29 (1), pp.14-18.

Rogers, Carl R. 1969, Towards a Science of the Person. In *Readings in Humanistic Psychology*, eds. Anthony J. Sutuch and Miles A. Bich, pp.21-50. New York: Free Press.

Roszak, Theodore. 1969, *The Making of a Counterculture*. New York: Doubleday.

——, 1973, *Where the Wasteland Ends*. New York: Doubleday.

Rowles, Graham D. 1978, *Prisoners of Space? The Geographical Experience of Elderly People*. Boulder, Colorado: Westview Press.

Saarinen, Thomas F. 1969, *Perception of Environment*. Commission on College Geography Resource Paper No.5. Washington, DC: Association of American Geographers.

——, 1974, Environmental Perception. In *Perspectives on Environment*, eds. Ian R. Manners and Marvin W. Mikesell, pp.252-289. Washington, DC: Association of American Geographers.

——, 1976, *Environmental Planning: Perception and Behavior*. New York: Houghton-Mifflin.

Samuels, Marwyn S. 1971, Science and Geography: An Existential Appraisal. Unpublished PhD dissertation, University of Washington.

Scheflen, Albert F. 1976, *Human Territories: How We Behave in Space-Time*. New York: Prentice-Hall.

Schiffman, Harvey Richard. 1976, *Sensation and Perception: An Integrated Approach*. New York: John Wiley and Sons.

Schwenk, Theodore. 1961, *Sensitive Chaos*. London: Rudolf Steiner Press.

Seamon, David. 1976a, Extending the Man-Environment Relationship: Wordsworth and Goethe's Experience of the Natural World. *Monadnock*, 50, pp.18-41.

——, 1976b, Phenomenological Investigation of Imaginative Literature. In Moore and Golledge (eds.) (1976), pp.286-290.

——, 1977, Movement, Rest, and Encounter: A Phenomenology of Everyday Environmental Experience. PhD dissertation, Clark University.

——, 1978a, Goethe's Approach to the Natural World: Implications for Environmental Theory and Education. In Ley and Samuels (eds.) ,pp.238-250.

——, 1978b, Goethe's Delicate Empiricism: Its Use in the Qualitative Description of Human Experience. Paper presented at the American Psychological Association meetings, Toronto, Ontario, 28 August.

——, 1979a, Phenomenology, Geography, and Geographic Education. *Journal of Geography in Higher Education* (forthcoming).

——, 1979b, *A Geography of the Lifeworld*. London: Croom Helm.

——, 1987, Phenomenology and the Clark Experience. *Journal of Environmental Psychology*, 7, pp.367-377.

——, and Mugerauer, R. (eds.). 1989, *Dwelling, Place and Environment: Toward a Phenomenology of Person and World*. Dordrecht: Martinus Nijhoff. Reprinted in softcover by Columbia University Press, New York, 1989. Reprinted in hardcover with a new editors' introduction, by Krieger Press, Malabar, Florida, 2000.

——, (eds). 1993, *Dwelling, Seeing and Designing: Toward a Phenomenological Ecology*. Albany, New York: State University of New York Press.

——, and Zajonc, A. (eds). 1998, *Goethe's Way of Science: A Phenomenology of Nature*, edited with. Albany, NY: State University of New York Press.

——, 2013, Lived Bodies, Place, and Phenomenology: Implications for Human Rights and Environmental Justice. *Journal of Human Rights and the Environment*, 4, pp.143-166.

——, 2014, Place Attachment and Phenomenology. In *Place Attachment: Advances in Theory, Methods and Research*, eds. L. Manzo and P. Devine-Wright, pp.11-22. New York: Routledge.

——, 2018a, *Life Takes Place: Phenomenology, Lifeworlds, and Place Making*. London: Routledge.

——, 2018b, Merleau-Ponty, Lived Body, and Place: Toward a Phenomenology of Human Situatedness. In *Situatedness and Place,* eds. T. Hünefeldt and A. Schlitte, pp.41-66. Cham, Switzerland: Springer.

——, 2018c, Well-being and Phenomenology: Lifeworld, Natural Attitude, Homeworld and Place. In *A Handbook of Well-being*, ed. K. Galvin, pp.103-111. London: Routledge.

Searles, Harold F. 1960, *The Nonhuman Environment*. New York: International Universities Press.

Shepard, Paul. 1969, Introduction: Ecology and Man—a Viewpoint. In *The Subversive Science: Essays Toward an Ecology of Man*, eds. Paul Shephard and Daniel McKinley. Boston: Houghton-Mifflin.

Skinner, G. William. 1964, Marketing and Social Structure in Rural China. *Journal of Asian Studies,* 24.

Slater, Philip. 1970, *The Pursuit of Loneliness: American Culture at the Breaking Point.* Boston: Beacon Press.

Smith, Frank. 1975, *Comprehension and Learning*. New York: Holt, Rinehart and Winston.

Soja, Edward. 1971, *The Political Organization of Space*. Commission of College Geography Resource Paper No.8. Washington, DC: Association of American Geographers.

Sommer, Robert. 1969, *Personal Space: The Behavioral Basis of Design*. Englewood Cliffs, New Jersey: Prentice-Hall.

Spickler, Stuart F. (ed.). 1970, *The Philosophy of the Body*. Chicago: Quadrangle.

Spiegelberg, Herbert. 1971, *The Phenomenological Movement: An Historical Introduction*, vols. 1 and 2. The Hague: Martinus Nijhoff.

Stea, David. 1976, Program Notes on a Spatial Fugue. In Moore and Golledge (eds.), pp.106-120.

Stea, David, and Blaut, James M. 1973, Notes Toward a Developmental Theory of Spatial Learning. In Downs and Stea (eds.) (1973), pp.51-62.

Stefanovic, Ingrid Leman. 2000, *Saving Our Common Future: Toward a Phenomenology of Sustainability.* Albany, New York: State University of New York Press.

Stevick, Emily L. 1971, An Empirical Investigation of the Experience of Anger. In Giorgi et al. (eds.) (1971), pp.132-148.

Straus, Erwin W. 1966, The Upright Posture. In *Phenomenological Psychology*. New York: Basic Books.

Suttles, Gerald D. 1968, *The Social Order of the Slum*. Chicago: University of Chicago Press.

——, 1972, *The Social Construction of Communities*. Chicago: University of Chicago Press.

Taylor, Charles. 1967, Psychological Behaviorism. In *The Encyclopedia of Philosophy*, vol. 1, pp.516-520. New York: The Macmillan Co. and the Free Press.

Thoreau, Henry David. 1966, *Walden and Civil Disobedience*. New York: Norton.

Thrift, Nigel. 1977, An Introduction to Time Geography. In *Concepts and Techniques in Modern Geography*. University of East Anglia Geographical Abstracts, No. 13.

Tolman, Edward C. 1973, Cognitive Maps in Rats and Men. In Downs and Stea (eds.) (1973), pp.27-50; originally in *Psychological Review*, 55 (1948), pp.189-208.

Tuan, Yi-Fu. 1961, Topophilia — or Sudden Encounter with Landscape. *Landscape*, 11, pp.29-32.

——, 1965, "Environment" and "World". *Professional Geographer*, 17, pp.6-8.

——, 1971a, Geography, Phenomenology, and the Study of Human Nature. *Canadian Geographer*, 25, pp.181-192.

——, 1971b, *Man and Nature*. Commission on College Geography Resource Paper No. 10. Washington, DC: Association of American Geographers.

——, 1974a, Space and Place: Humanistic Perspective. In *Progress in Geography*, vol.6, pp.211-252. London: Edward Arnold.

——, 1974b, *Topophilia: A Study of Environmental Perceptions, Attitudes, and Values*. Englewood Cliffs, New Jersey: Prentice-Hall.

——, 1975a, Images and Mental Maps. *Annals of the Association of American Geographers*, 65, pp.205-213.

——, 1975b, Place: An Experiential Perspective. *Geographical Review*, 65, pp.151-165.

——, 1977, *Space and Place: The Perspective of Experience*. Minneapolis: University of Minnesota Press.

van Manen, Max. 2014, *Phenomenology of Practice*. London: Routledge.

Vine, Ian. 1975, Territoriality and the Spatial Regulation of Interaction. In *Organization of Behavior in Face-to-face Interaction*, eds. Adam Kenton et al., pp.357-387. The Hague: Mouton Publishers.

Von Eckartsberg, Rolf. 1971, On Experiential Methodology. In Giorgi et al. (eds.) *Duquesne Studies in Phenomenological Psychology*, vol. 1, pp.66-79. Pittsburgh: Duquesne University Press.

Von Uexkull, J. 1957, A Stroll through the Worlds of Animals and Men: A Picture Book of Invisible Worlds. In *Instinctive Behavior*, trans. K.S. Lashley, pp.5-80. New York: International Libraries Press.

Vycinas, Vincent. 1961, *Earth and Gods*. The Hague: Martinus Nijhoff.

Wallace, Anthony C. 1961, Driving to Work. In *Context and Meaning in Anthropology*, ed. E. Spiro, pp.277-292. New York: Free Press.

Wapner, S., Cohen, S. B. and Kaplan, B. (eds.). 1976, *Experiencing the Environment*. New York: Plenum.

Webber, Mukta M. 1970, Order and Diversity: Community without Propinquity. In Proshansky et al.(eds.), pp.533-549.

Webster's Seventh Collegiate Dictionary. 1963, Springfield, Massachusetts: G. and C. Merriam Co.

Webster's Third New International Dictionary. 1966, Springfield, Massachusetts: G. and C. Merriam Co.

Weiss, Peter. 1966, *Marat-Sade*, trans. Geoffrey Skelton. New York: Bantam.

Wheeler, James O. 1972, Trip Purposes and Urban Activity Linkages. *Annals of the Association of American Geographers*, 62, pp.641-654.

White, Lynn, Jr. 1967, The Historical Roots of Our Ecological Crisis. *Science*, 155, pp.1203-1207.

Wild, John. 1963, *Existence and the World of Freedom*. Englewood Cliffs, New Jersey: Prentice-Hall.

Wisner, Ben. 1970, Protogeography: Search for Beginnings. Discussion Paper for Association of American Geographers' annual meetings, August (mimeographed)

Wolf, Thomas. 1973, *You Can't Go Home Again*. New York: Harper and Row.

Wordsworth, William. 1936, *Wordsworth: Poetical Works*, ed. Thomas Hutchison. London: Oxford University Press.

Wright, John K. 1947, Terrae Incognitae: The Place of Imagination in Geography. *Annals of the Association of American Geographers*, 37, pp.1-15.

Zaner, Richard M. 1971, *The Problem of Embodiment: Some Contributions to a Phenomenology of the Body*. The Hague: Martinus Nijhoff.

Zeitlin, Irving M. 1973, *Rethinking Sociology*. New York: Appleton-Century-Crofts.

Zimmerman, Rae and Horan, Thomas (eds.). 2004, *Digital Infrastructures*. New York: Routledge.

Zube, Ervin H. 1973, Scenery as a Natural Resource. *Landscape Architecture*, 63, pp.126-132.

——, and Brush, Robert O. and Fabos, Julius G. (eds.). 1975, *Landscape Assessment.* Stroudsburg, Pennsylvania: Dowden, Hutchison and Ross.

——, and Pitt, David G. and Anderson, Thomas W. 1975, Perception and Prediction of Scenic Resource Values of the Northeast. In Zube et al. (eds.) (1975), pp.151-167.

索　引①

① 条目中页码系原书页码、中译页边码。——译者注

译后记

本书作为人文主义地理学的代表性著作之一，尚未引起中国地理学界的重视。这主要是因为现象学研究的表达形式偏重语言表述，而不是数字表达。中国地理学家出于多种原因，比较偏爱数字表达，认为数字表达看上去比较“科学”。然而，地理学家在发掘空间、地方、区域的形成动力时，有时用抽象数字甚至抽象数字之间的统计关系是无法说明其机制的。例如，地理学人熟知地理学第一定律，即任何事物都与其他事物相关，只不过相近的事物关联更紧密。许多中国地理学家喜欢用类似万有引力公式的形式来表达这个定律，但是这个公式的解释力可能还不如一句俗语——“远亲不如近邻”，因为后者是人们熟悉的日常生活体验。这部书就是通过这些日常生活中的例子探索地理学的。本书收集了丰富而鲜活的日常事例，它们是美国克拉克大学环境体验小组成员分享的。

人文主义地理学的目标是探索由人性决定的空间偏好，以及在此偏好下的空间行为。人文主义地理学的主要哲学基础之一是现象学。所谓“现象”，是纯粹意识内的存有，是理性的自身。我落笔写作此文时，正值新冠疫情暴发。在抗击疫情的特殊时期，我不得不在网上上课。这个客观事实并不是“现象”。头一个月在家上班，我为不用去学校而感到自由和开心。过了两个月，我开始想念校园，想念与同事、学生一起聚餐聊天的快乐，甚至记起这样的生动场面：同事们一起讨论问题，激烈时有人以掌拍案，桌上水杯轻轻跳起。然而，这种客观存在的经验事实也不是“现象”。“纯粹意识内的存有”指我的意识中需要两种工作空间，其道理是在面对在线课堂的共享屏幕时，我无须过多顾虑自己的教学仪态，可以蹙着眉，托着腮，边思考边讲授，甚至讲出我备课时没有想到而现在突然冒出的“新想法”；在教室上课时，讲台下学生们的表情可以即时传递给我丰富的信息（“懂了”“蒙圈”或“半知半解”），而我可以及时调整讲课深度和节奏。对这两种课堂的内心感受是与外界相遇后的“意识”结果，而这些意识活动只有通过语言文字才能传递给他人，让他人了解我的空间偏好。倘若有人以问卷形式调查多少人愿意在家上课或在教室上课，那么一定会有一些统计数据，而这个数据结果（事实的表象）说明不了人们空间选择背后的感受、道理或理性。这就是人文主义地理学研究方法和表述形式存在的必要性。

本书介绍了人文主义地理学审视“人地关系”意识活动的一个研究范式——环境体验的四分体。在这个四分体中，有两组概念可以帮助人们探究意识活动的概念。第一组是移动和静止，第二组是忽视、观看、注意和强联系，借助这两组概念可以发掘人与环境相遇的深度。本书各章从地理学的角度提出研究问题，即人与外在环境（包括人与物）相遇时不能回避空间问题。例如，我们将哪里视为“家”，我们为何喜欢去“远方”。探索这些主题，可以帮助城市规划师进行城市设计与规划；可以帮助人口学家理解和预测人口的流动；可以帮助经济地理学家理解和预测旅游目的地市场范围；可以帮助生态学家理解人们对自然的态度。本书的读者可能并非地理学人，也非地理学相邻学科的学者，但是他们依然能从书中获得有价值的启发。虽然书中列举的例子发生在美国，但是读者一定会发现自己也有类似的经历，譬如上班路上忽然发现，脑子里想着别的事情，竟没有注意到已经走完了一段路程。上班的人对上班道路（外部环境）非常熟悉，使得自己的身体记住了外部环境，而无须全神贯注地走路或开车。这种“忽视”可以让人们分神去想其他事情。

如果读者发现自己有类似的经历，那么其实已经走到“现象还原”的门口了。

本书可以被视为日常生活地理学的教科书或研究指南。除了环境体验的四分体范式和十几个研究主题外，本书的附录也是非常重要的研究指南。读者通常都会忽略附录内容，但是本书的附录非常有价值。附录 A 是参加西蒙环境体验项目的小组成员的作业，有心的研究者依然可以用它作为研究的原始素材，这也是作者西蒙教授所希望的。附录 B 是小组成员对本书介绍的研究主题的感想，可以作为小组成员与表 2.1 所示信息不同的属性信息。现象学研究更在意具体的语言表述，后者能体现出小组成员参与项目时的情绪状态。这与被试信息表中的年龄、居住地等信息相比，更能帮助读者判断参加者的投入状态。如果想了解一个人的想法，获得更多关于该人的信息一定是有益的，尤其是该人自己的原始表述。

人文主义地理学的代表性著作很多，这部无疑特色鲜明。西蒙作为布蒂默的弟子，沿着当年导师指引的方向探索四十年，确立了自己的研究风格，尤其是理论联系规划设计实践的风格。中国翻译出版了人文主义地理学大师段义孚的多部著作。段义孚先生的写作特色是从自己的经验说起，而西蒙的这本书是从自己与他人产生共鸣的经验说起。读者读罢此书，也可以尝试写一写自己的日常生活地理体验，并与他人分享。写作的过程就是一个发现自己意识活动的过程，其中对空间、地方的反思或许能帮助我们生活得更好。

周尚意

2021 年 4 月 26 日

图书在版编目（CIP）数据

生活世界地理学／（美）戴维·西蒙著；周尚意，高慧慧译．—北京：北京师范大学出版社，2022.3

（人文地理学译丛／周尚意主编）

ISBN 978-7-303-27114-6

Ⅰ．①生… Ⅱ．①戴… ②周… ③高… Ⅲ．①人文地理学 Ⅳ．①K901

中国版本图书馆 CIP 数据核字（2021）第 157669 号

北京市版权局著作权合同登记号：图字 01-2017-2662

营销中心电话 010-58807651

北师大出版社高等教育分社微信公众号 新外大街拾玖号

SHENGHUO SHIJIE DILIXUE

出版发行：北京师范大学出版社 www.bnup.com

北京市西城区新街口外大街 12-3 号

邮政编码：100088

印　　刷：鸿博昊天科技有限公司

经　　销：全国新华书店

开　　本：787 mm×1092 mm 1/16

印　　张：18.75

字　　数：238 千字

版　　次：2022 年 3 月第 1 版

印　　次：2022 年 3 月第 1 次印刷

定　　价：88.00 元

策划编辑：周益群　　责任编辑：梁宏宇

美术编辑：李向昕　　装帧设计：李向昕

责任校对：康　悦　　责任印制：马　洁

A Geography of the Lifeworld: Movement, Rest and Encounter by David Seamon / ISBN:9781138885073